Fabrikstrasse 6
Peter Märkli
S. 64
AF546131
Fabrikstrasse 4
SANAA
S. 70
FABR

Forum 3
Diener & Diener, Federle, Wiederin
S. 58

Fabrikstrasse 4
SANAA
S. 70
Forum 1
Brodtbeck & Bohny
Eckenstein & Kelterborn

Fabrikstrasse 14
Rafael Moneo
S.104

Fabrikstrasse 10
Yoshio Taniguchi
S. 92
Fabrikstrasse 12
Vittorio Magnago Lampugnani
S. 98

Fabrikstrasse 15
Frank Gehry
S. 110

The Green
Günther Vogt
S. 116

Fabrikstrasse 16
Adolf Krischanitz
S. 122

Fabrikstrasse 14
Rafael Moneo
S. 104

Fabrikstrasse 12
Vittorio Magnago Lampugnani
S. 98

Banting 1
Burckhardt Architekten, Wilhelm und Hovenbitzer
S. 140
Fabrikstrasse 10
Yoshio Taniguchi
S. 92

Fabrikstrasse 22
David Chipperfield
S. 128

Fabrikstrasse 18
Juan Navarro Baldeweg
S. 166

Kantinengebäude
Conrad Müller

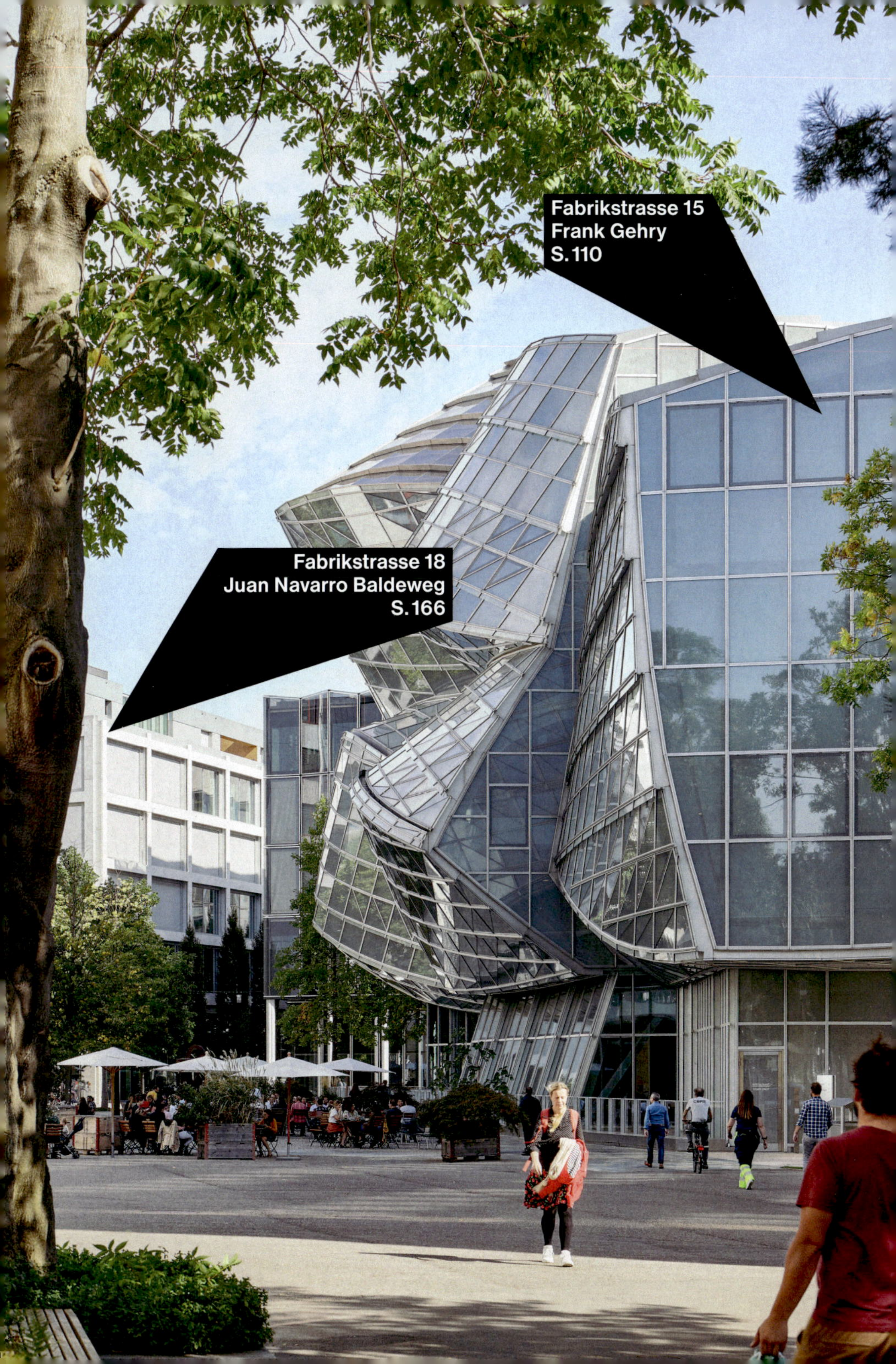
Fabrikstrasse 15
Frank Gehry
S. 110
Fabrikstrasse 18
Juan Navarro Baldeweg
S. 166

Fabrikstrasse 28
Tadao Ando
S. 134

NOVARTIS

CAMPUS

GUIDE

Andreas Kofler, Goran Mijuk (Hg.)

Christoph Merian Verlag

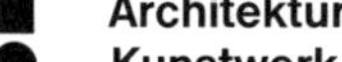

■ Architektur
● Kunstwerk
▲ Landschaftsarchitektur

Das Sandoz-Areal in Basel-St. Johann (Luftbild 1983)

Willkommen
Jörg Reinhardt

Schon 1982, zu Beginn meiner beruflichen Karriere bei Sandoz, war dieses Unternehmen in der Medikamentenentwicklung aktiv. Doch engagierten sich sowohl Sandoz als auch Ciba-Geigy, die 14 Jahre später zu Novartis fusionieren sollten, damals besonders intensiv in chemischen Bereichen wie der Herstellung von Farbstoffen oder der Agro- und Bauchemie.

Das St. Johann-Areal, der ehemalige Hauptsitz von Sandoz, verkörperte seinerzeit noch das industrielle Umfeld dieser Ära: Rauchende Schornsteine, lärmende Maschinen und ständiger Lkw- und Güterzugverkehr prägten das Gelände. Es gab Produktionshallen, die man nicht verlassen konnte, ohne Farbspuren auf dem Asphalt zu hinterlassen.

Für einen Pharmazeuten war dies ein nicht sehr inspirierendes Arbeitsumfeld. Doch mit der Gründung von Novartis kam es zu epochalen Veränderungen, die rasch auch auf dem St. Johann-Areal spürbar wurden. Die Chemie verlor an Bedeutung, während die pharmazeutische Forschung vorangetrieben wurde.

Angesichts der dynamischen Entwicklung der globalen Gesundheitsmärkte entschied die Unternehmensleitung um die Jahrtausendwende, das Areal neu zu gestalten. Nicht mehr die Produktion stand im Vordergrund, sondern die Entwicklung innovativer Arzneimittel. Wurden vor der Fusion jährlich rund 2 Milliarden Dollar für Forschung und Entwicklung eingesetzt, ist es heute ein Mehrfaches davon.

Die Neuentwicklung des St. Johann-Areals ging mit einem technologischen und kulturellen Wandel einher. Der städtebauliche Masterplan von Vittorio Magnago Lampugnani lieferte dabei den disziplinierenden Rahmen für die Gestaltung des Areals. Für die Entwicklung der Neubauten wurden nicht nur führende Architektinnen und Architekten, Landschaftsplanerinnen und Ingenieure, sondern auch Arbeitspsychologinnen, Designer und Künstlerinnen herangezogen. Sie gestalteten gemeinsam ein modernes Arbeitsumfeld.

Die Idee des Campus war von Beginn an, eine Arbeitsumgebung zu schaffen, in der Kommunikation und Zusammenarbeit gefördert, starre Hierarchien hingegen abgebaut werden. Es ging nicht nur darum, hochmoderne Labors und Bürogebäude zu entwerfen, die es den Mitarbeitenden ermöglichen sollten, auf höchstem technologischem Niveau zu arbeiten. Es wurde auch dafür gesorgt, dass sich die Menschen hier wohlfühlen und frei miteinander austauschen können.

Neben Parks und Cafés, die zur Erholung einladen, wurden die Arbeitsräume so gestaltet, dass die Mitarbeitenden rascher zueinander finden und auch bei zufälligen Begegnungen neue Ideen entwickeln können. Einzelbüros oder Einzellabors gehören somit der Vergangenheit an, und das Management arbeitet auf Augenhöhe und zusammen mit den Mitarbeitenden in modernen Multi-Space-Büros.

2005 wurde mit dem Forum 3 das erste neue Gebäude auf dem Campus bezogen. Auch mein Team war Teil dieses Anfangs. Dabei merkte ich schnell, wie sich durch die neue Arbeitsweise das Verhältnis zu den Kolleginnen und Kollegen änderte und wie wir mit unseren Projekten rascher vorankamen. Diese Dynamik hat sich bis heute fortgesetzt und hat es Novartis ermöglicht, sich zu einem der innovativsten Pharmaunternehmen der Welt zu entwickeln.

Auch für mich persönlich ist der Campus ein Glücksfall: Ich darf an einem Ort arbeiten, der sich sowohl gestalterisch als auch technologisch grundlegend vom grauen industriellen Alltag der 1980er-Jahre abhebt. Für Novartis war die Entwicklung des Campus entscheidend: Wir konnten so nicht nur unsere Forschungs- und Entwicklungsaktivitäten besser fördern, wir waren auch in der Lage, führende Talente aus aller Welt für uns zu gewinnen.

Novartis Campus (Luftbild 2022)

Heute ist der Campus auch für die Öffentlichkeit sowie für Drittfirmen zugänglich. Wir sind in eine neue Phase eingetreten, in der wir die Zusammenarbeit und Kommunikation mit der Gesellschaft noch stärker fördern wollen. Wir sind davon überzeugt, dass sich Fortschritt nur gemeinsam – im Austausch mit der Gesellschaft – gestalten lässt. Dazu gehören neben Start-ups, die sich hier ansiedeln, vor allem auch die Gäste, die uns aus aller Welt besuchen und uns neue Impulse zur Weiterentwicklung geben.

Das Sandoz-Areal in Basel-St. Johann (Luftbild 1939/1945)

Das St. Johann-Areal im Lauf der Geschichte

Goran Mijuk

Es war die günstige Lage ausserhalb der Stadt, die den Chemiker Alfred Kern und den Prokuristen Edouard Sandoz gegen Ende des 19. Jahrhunderts dazu veranlasste, ihre 1886 neu gegründete Farbstofffirma – die Chemische Fabrik Kern & Sandoz – im Basler St. Johann-Quartier anzusiedeln. Doch nicht die ihnen zugesprochenen unbebauten 11 000 Quadratmeter auf der grünen Wiese gaben den Ausschlag für den Entscheid, ins St. Johann zu ziehen. Es war vor allem die Erlaubnis der Stadt Basel, die bei der Farbstoffproduktion anfallenden Abfälle direkt und unentgeltlich im Rhein zu entsorgen.

Das Firmengelände «liegt weitab einer Verkehrsstrasse und wird daher Wohnungen und einer Vergrösserung der Stadt nicht im Wege» sein, heisst es im Gutachten des damaligen Kantonschemikers Carl Bulacher. Er hielt zudem fest, dass der Rhein «für die flüssigen und festen Abgänge eben doch der beste Beseitiger» sei. Diese laxe Art der Abfallentsorgung hatten sich auch andere Unternehmen zunutze gemacht. Im St. Johann waren bereits die Häutehandlung Gebrüder Bloch & Cie., die chemische Fabrik Durand & Huguenin sowie das städtische Gaswerk angesiedelt. Und auch auf der anderen Rheinseite herrschte seit Mitte des 19. Jahrhunderts industrieller Hochbetrieb.

Den Anstoss zu dieser Entwicklung hatte die 1856 durch einen britischen Chemiker erfolgte Entdeckung der Anilinfarben gegeben. Sie zog einen regelrechten Boom nach sich: Ausgehend von England, über Deutschland und Frankreich wurden bald auch in Basel neue Farben aus Steinkohlenteer entwickelt. Einer der innovativsten Chemiker war der aus Bülach stammende Alfred Kern, der zunächst für verschiedene Firmen arbeitete, bis er sich 1886 mit Edouard Sandoz zusammentat, um auf eigene Faust neue Farben zu entwickeln.

Die Anfänge waren, aus heutiger Perspektive, dennoch bescheiden. Bei seiner Gründung bestand das Unternehmen zunächst aus einem Bürogebäude mit einem angebauten Laboratorium, drei miteinander verbundenen Shedbau-Produktionsstätten und einem Kesselhaus mit einer Dampfmaschine. Dank der neu entwickelten Möglichkeiten zur synthetischen Herstellung von Alizarin, einem roten Farbstoff, der früher aus Krapp gewonnen wurde, konnte Kern & Sandoz schon bald ein dynamisches Wachstum verzeichnen. Innerhalb nur weniger Jahre entwickelte das Unternehmen über zwanzig weitere neue Farben.

Der frühe Erfolg war jedoch gefährdet. Alfred Kern starb schon 1893 mit nur 42 Jahren an einem Herzleiden. Und auch Edouard Sandoz musste kurze Zeit später aus gesundheitlichen Gründen aus dem Unternehmen ausscheiden, das 1936 in eine Aktiengesellschaft umgewandelt wurde und seitdem bis zum Jahr 1996 unter dem Namen Sandoz firmierte. Die Firma hatte aber Glück im Unglück. Denn mit Robert Gnehm konnte Sandoz kurz nach dem Ausscheiden der Gründer einen wichtigen Akademiker und Geschäftsmann gewinnen, der die weitere Entwicklung verstärkt auf die Pharmazie ausrichtete.

In der Zwischenzeit brummte das Geschäft mit den Farbstoffen weiter und das Firmengelände im St. Johann nahm immer konkretere Formen an. Zehn Jahre nach der Gründung war das Areal bereits auf eine Fläche von über 63 000 Quadratmeter angewachsen. Angenehm war das Arbeiten hier jedoch noch in keiner Weise. Die noch ungeteerten Strassen durch das Areal waren – laut einem Augenzeugenbericht aus dem Firmenarchiv von Novartis – bei schönem Wetter staubig und bei Regenwetter fast nicht zu begehen: «Die vielen Fuhrwerke, die täglich Eis, Kohlen und

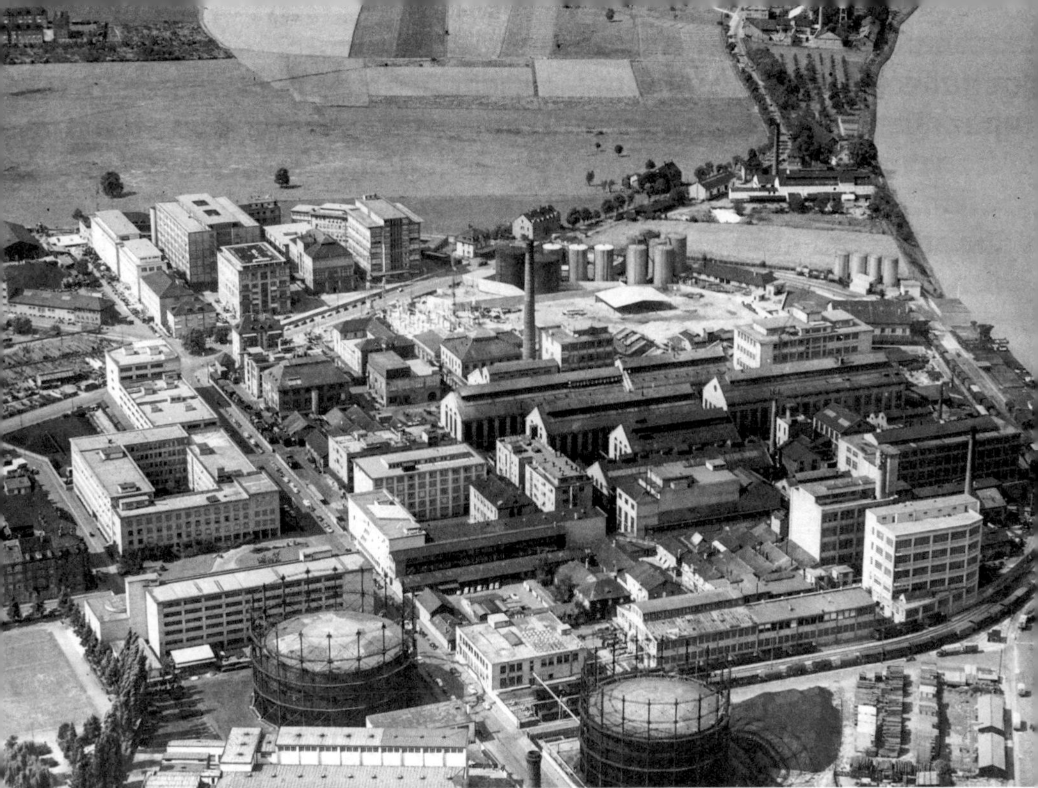

Das Sandoz-Areal in Basel-St. Johann (Luftbild 1954)

sonstige Lasten brachten, verwandelten die Strassen in Morast. Ohne Holzschuhe wäre man kaum durchgekommen, und so lief ungefähr jedermann, der mit dem Betrieb zu tun hatte, das ganze Jahr in Holzschuhen umher.»

Doch der Erste Weltkrieg sollte diesen Umstand nachhaltig ändern: Mit dem Wegfall der übermächtigen deutschen Konkurrenz wurden die Basler Chemieunternehmen zum wichtigsten Farbstofflieferanten der englischen Textilindustrie. Dank dieses starken Entwicklungsschubs setzte auch im St. Johann-Areal eine tiefgreifende Modernisierung ein, die über die 1920er- bis in die 1930er-Jahre hinein andauerte: Die horizontal ausgerichteten Shedbauten wurden sukzessive durch mehrstöckige Fabrikationsgebäude ersetzt, die dem mechanistischen Zeitgeist entsprachen und über eine hohe Funktionalität verfügten.

Während die Farbstoffproduktion auf Hochtouren lief, streckte das Unternehmen schon früh seine Fühler auch in den Pharmabereich aus. Zunächst beschränkte man sich darauf, Nachahmerprodukte auf den Markt zu bringen, noch während des Ersten Weltkriegs entschied Sandoz jedoch, eine eigene Forschungsabteilung aufzubauen. Auf Anraten von Robert Gnehm betraute das Unternehmen den ETH-Biochemiker Arthur Stoll damit, eine eigene Abteilung für Pharmaforschung aufzubauen. Ihm gelang es bereits nach wenigen Jahren, ein erstes Medikament zu entwickeln.

Das aus dem Mutterkorn gewonnene, zur Stillung der Nachgeburtsblutung eingesetzte Gynergen® war das erste einer Reihe wichtiger Produkte, die es dem Unternehmen erlaubten, sich im Pharmamarkt fest zu etablieren. Doch der Verwaltungsrat forderte, dass Stoll und seine Mitarbeiter ihre Aufmerksamkeit auch der Bearbeitung ‹wirtschaftlicher Produkte› schenken sollten. Dies gelang wenig später. Gynergen liess den Jahresumsatz auf fast eine Million Franken ansteigen, mit Calcium-Sandoz® verfügte die Firma ab 1927 über den erhofften Verkaufsschlager.

Die Pharmasparte wuchs zum grössten Unternehmensbereich der Firma Sandoz an. Zwischen 1950 und 1969 verneunfachte sich der Konzernumsatz von 278 Millionen auf 2,5 Milliarden Schweizer Franken. Das Erscheinungsbild des Werks St. Johann veränderte sich in diesen Jahren ebenfalls grundlegend: Das Areal wurde arrondiert, bisher unbenutzte Parzellen wurden bebaut, alte Gebäude abgebrochen und durch moderne Hochbauten ersetzt. War bis 1956 mit einem Aufwand von jährlich etwa 20 Millionen Schweizer Franken nur das Nötigste gebaut worden, verdoppelten sich 1960 die Bauinvestitionen und stiegen 1965 sogar auf 80 Millionen Franken an. Neue Büro- und Laborgebäude wurden errichtet, wie der in den 1960er-Jahren fertiggestellte 77 Meter hohe Bau 503 der Basler Architekten Suter+Suter. Auch ein neues Personalrestaurant entstand, an dessen

Eingang man noch heute das alte Firmenlogo an der Eingangstür entdecken kann. 1969 übernahm Sandoz schliesslich den benachbarten Farbenhersteller Durand & Huguenin; der damit auch einhergehende Flächenzuwachs von etwa 29 000 Quadratmeter rundete das St. Johann-Areal auf eine günstige Weise ab.

Mit den ab 1973 auftretenden Ölkrisen endete die lange Phase des Wirtschaftsbooms. Der ökonomische Einbruch führte nicht nur zu einem Stillstand der Bauentwicklung auf dem Gelände, es folgten auch operative Umwälzungen. Als Reaktion auf die Öffnung der asiatischen Märkte und die globalen Verlagerungen der Chemieproduktion verstärkte das Unternehmen seine Pharmaaktivitäten. Vor diesem Hintergrund schlossen sich Ciba-Geigy und Sandoz 1996 zu Novartis zusammen, die sich nach und nach ihres Chemiegeschäfts entledigte. Novartis fokussierte die Aktivitäten auf den bedeutender werdenden Markt der Life Sciences und wagte sich damit in neue Geschäftsfelder vor.

Auch das St. Johann-Areal wurde rundum erneuert: Um die Jahrtausendwende erstellte der international bekannte Architekt und Stadtplaner Vittorio Magnago Lampugnani im Auftrag von Novartis einen Masterplan zur Entwicklung eines ‹Campus des Wissens›. In der Folge entstanden 17 neue Gebäude, die entlang und im Umfeld der neu angelegten Fabrikstrasse den Zukunftsanspruch des Unternehmens widerspiegeln sollten. Architekten wie Frank Gehry, SANAA und David Chipperfield entwarfen neue Büro- und Laborgebäude, in denen innovative Therapieformen entwickelt werden, darunter Gentherapien, nuklearmedizinische Anwendungen sowie Medikamente auf RNA-Basis.

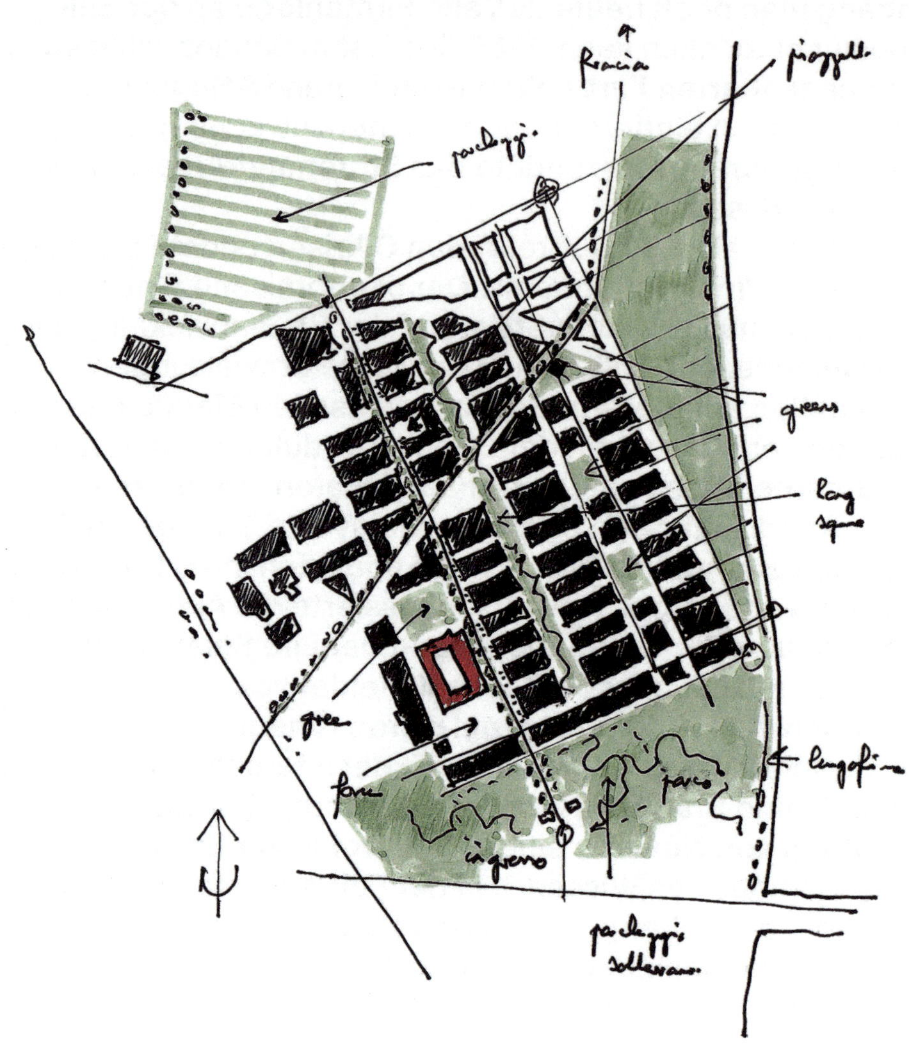

Vittorio Magnago Lampugnani, Studio di Architettura, Masterplan für den Novartis Campus (Skizze 2000)

Ein Stadtquartier für modernes Arbeiten

Vittorio Magnago Lampugnani

Ziel des Novartis Campus in Basel, dessen Planungsbeginn auf das Jahr 2000 zurückgeht, war die Transformation eines Produktionsstandorts in ein Forschungs- und globales Verwaltungszentrum. Der funktionale Wandel war bereits im Gang; die Aufgabe bestand darin, ihm eine langfristig tragfähige städtebauliche und architektonische Form zu geben. Diese Form sollte ein attraktives Umfeld für die Mitarbeiterinnen und Mitarbeiter des Pharmaunternehmens schaffen und vor allem die Kommunikation unter ihnen fördern.

Dafür schien das Modell der historischen Stadt geradezu prädestiniert: Schliesslich ist sie das bauliche Dispositiv für die Konstruktion und Verfeinerung einer Gemeinschaft par excellence. Ihre fein verzweigte Struktur von öffentlichen Räumen schafft nicht nur unmittelbare Beziehungen zwischen verschiedenen Orten, sondern auch Gelegenheiten absichtsvoller und unbeabsichtigter, zufälliger Begegnungen und damit des intensiven zwischenmenschlichen Austausches.

Tatsächlich standen am Anfang der Planung die Freiräume als Gerüst der Bebauung und als prägendes Element des neuen Campus. Der dichte orthogonale Raster, der sich auf das etwa 20 Hektar grosse Areal legt, zeichnet ansatzweise die keltische Siedlung nach, die vor etwa 2200 Jahren weite Teile des Geländes besetzte, und übernimmt die geometrische Struktur der verschwundenen Industrieanlage, an die er diskret erinnert. Nicht zufällig trägt die zentrale

Achse des Campus den historischen Namen Fabrikstrasse. Sie führt bis zur französischen Grenze, die Querstrassen reichen bis zum Rheinufer. Die elementare Geometrie erlaubt eine rationelle Einteilung in Baufelder und gewährt eine leichte Orientierung.

Leitbild des urbanen Projekts ist eine hohe Dichte, baulich ebenso wie sozial, als Voraussetzung der angestrebten intensiven Kommunikation. Wenn Menschen zusammenrücken, fällt es ihnen leichter, ja sie kommen kaum umhin, aufeinander zuzugehen. Deswegen weisen die neuen Bauten des Campus kompakte Grundflächen auf und stehen so eng beieinander wie möglich. Die durchgängige Traufhöhe von bis zu 25 Meter wurde festgelegt, um unterhalb der damals gültigen baurechtlichen Hochhausgrenze zu bleiben, aber auch um dem historischen Verwaltungsgebäude (Forum 1) mit seiner Höhe von circa 22,5 Meter eine Reverenz zu erweisen und es stadträumlich einzubinden.

Die Nähe schafft kurze Wege, die zu Fuss zurückgelegt werden können, und erleichtert Begegnungen, auch und vor allem zufällige. Sie sind in der Zeit nach der Covid-19-Pandemie wichtiger denn je: Denn wenn wir einerseits gelernt haben, dass wir für konzentriertes Arbeiten und Routinebesprechungen zu Hause bleiben können, hat das Büro als Ort des kreativen Austausches eine ungleich höhere Bedeutung gewonnen.

Indessen leistet die Dichte des Novartis Campus noch mehr: Sie erlaubt die Einrichtung von Cafés, Restaurants, Einkaufsläden, Kindertagesstätten, Sportanlagen und weiterer Infrastrukturen, die ausreichend frequentiert werden und damit rentabel sind. Sie bildet mit anderen Worten die räumliche, soziale und wirtschaftliche Grundlage für eine einladende und lebendige Arbeitsumgebung.

Doch werden der Dichte nicht Luft und Sonne geopfert. Die Strassen sind schmal, aber noch breit genug, um neben ihren technisch-funktionalen Aufgaben natürliches Licht bis in die Arbeitsräume im Erdgeschoss einfallen zu lassen und angenehm proportionierte Durchgangs- und Aufenthaltsorte zu bilden. Tatsächlich sind die schmalsten Strassen des Campus 10 Meter breit, die zentrale Fabrikstrasse ist an ihrer engsten Stelle mit 15 Metern immer noch breiter als die Via del Corso in Rom. Rechnet man den Arkadenbereich mit 4 Metern dazu, ist sie nur wenig schmaler als die Bahnhofstrasse in Zürich.

Um kein Gefühl der Beengtheit zu erzeugen, grenzt jedes Baufeld mit wenigstens einer Seite an eine Hauptstrasse, einen Platz, einen Garten oder einen Park, was ihm einen freien Ausblick verschafft. Diese Freiräume – vom repräsentativen Forum bis zum informellen Green, von der geschäftigen arkadengesäumten Fabrikstrasse bis zum kontemplativen, üppig bewachsenen Park Süd – kompensieren die bauliche Dichte, stellen der Enge räumliche Grosszügigkeit und Weite gegenüber. Sie bilden auch die Orte, wo Kommunikation tatsächlich gelebt werden kann: das architektonische Angebot für Aufenthalt, Gedankenaustausch und Gemeinschaftsbildung, das Moment, in dem die durch die bauliche Dichte geförderte soziale Dichte zur Begegnungsdichte wird. Entsprechend sorgfältig sind sie gestaltet und ausgestattet.

Dazu gehören die zahlreichen bedeutenden Kunstwerke, die den Campus und seine Bauten bereichern: Bei aller Vielfalt, Individualität und Radikalität ist ihnen die Bindung an den Ort gemeinsam, den sie deuten und stärken. Dazu gehört die visuelle Gestaltung, die Information und Orientierung mit Identifikation, zuweilen mit produktiver Irritation und immer wieder mit einem freundlichen Augenzwinkern verbindet. Dazu gehört die Orchestrierung des künstlichen Lichts, das den Freiräumen nachts eine warme Atmosphäre verleiht.

Strassen, Plätze und Gärten sind vergleichsweise bescheiden dimensioniert, um das Baugefüge nicht zu sprengen. Die zwei Parkanlagen, Park Süd und Rhine Terrace, sind hingegen ausgesprochen weitläufig, sie begrenzen den

Campus und verbinden ihn zugleich mit dem Rheinufer. Sie sind mehr als nur Kompensation, sie sind Kontrapunkt und Ergänzung des kompakten Stadtkörpers: ein Stück Landschaft und mit dem Flussraum eng verbunden, dem sie eher zugehörig sind als dem hochurbanen Campus.

Innerhalb dieser Komposition öffentlicher Räume müssen die Gebäude wenigen Regeln entsprechen: Einhalten der Baulinien und der Gesamthöhe, Haupteingänge an den Hauptstrassen, Arkaden an der Ostseite der Fabrikstrasse, dahinter ein überhöhtes Erdgeschoss für gemeinschaftliche Nutzungen. Nur punktuell wurden diese sparsamen Vorgaben zugunsten der individualistischen Geste nicht respektiert. Die wichtigste Anforderung war indessen jene der architektonischen Qualität: Die Baumeisterinnen und Baumeister wurden sorgfältig ausgewählt und intensiv begleitet. Sie sind so kosmopolitisch in ihren Kulturen wie die Menschen, für welche die neuen Gebäude geschaffen sind. Diese, selbst die formal ambitioniertesten, entsprechen einem präzisen Nutzungsprogramm und sind dabei so robust, dass sie auch für andere Bestimmungen taugen. Über allen Zielen stehen das Wohlbefinden und die Interaktion der Nutzerinnen und Nutzer.

Die Realisierung des Campus fand in mehreren Zügen statt, die den Umorganisations- und Entwicklungsschüben des Konzerns folgten: Der Masterplan legte zudem fest, dass Gebäude nur dann abgerissen werden sollten, wenn sie sich als definitiv obsolet erwiesen hatten, und nur dann durch Neubauten ersetzt, wenn diese unverzichtbar waren. In der Zwischenzeit sollten Alt und Neu nebeneinander bestehen. Gleichwohl lassen sich verschiedene Phasen auch städtebaulich festmachen: die Zeichnung des Rückgrats mit der räumlichen Wiederherstellung der Fabrikstrasse, die Adressierung um das Forum, die Verräumlichung entlang der Hauptachse, der Weiterbau Richtung Rhein und die Verknüpfung mit dem Naturraum und der Stadt durch die beiden grossen Parkanlagen.

Abgeschlossen ist der Campus nach gut zwanzig Jahren immer noch nicht, aber das muss er auch nicht sein: Seine Konzeption schliesst das Unvollendete mit ein, keineswegs als Makel, sondern als verträglichen, ja spannungsreichen Zustand. Ebenso war von vornherein seine Bestimmung vorgesehen, öffentlich zugänglich zu werden, als ein Quartier von Basel. Mit seiner scharf definierten, einprägsamen städtebaulichen Figur, die sich im Grundriss der Stadt klar abhebt, bleibt der Novartis Campus ein Quartier besonderer Art: autonom und doch mit der Stadt verknüpft, ein besonderer und unaufgeregter Teil jener Collage von Stadtformen, die Basel ebenso ausmachen wie jede moderne Stadt, ein Ort der Gemeinschaft, der selbst ein eminent gemeinschaftliches Werk ist und vielleicht sogar ein mögliches Modell einer wirklich zeitgemässen zeitgenössischen Stadt.

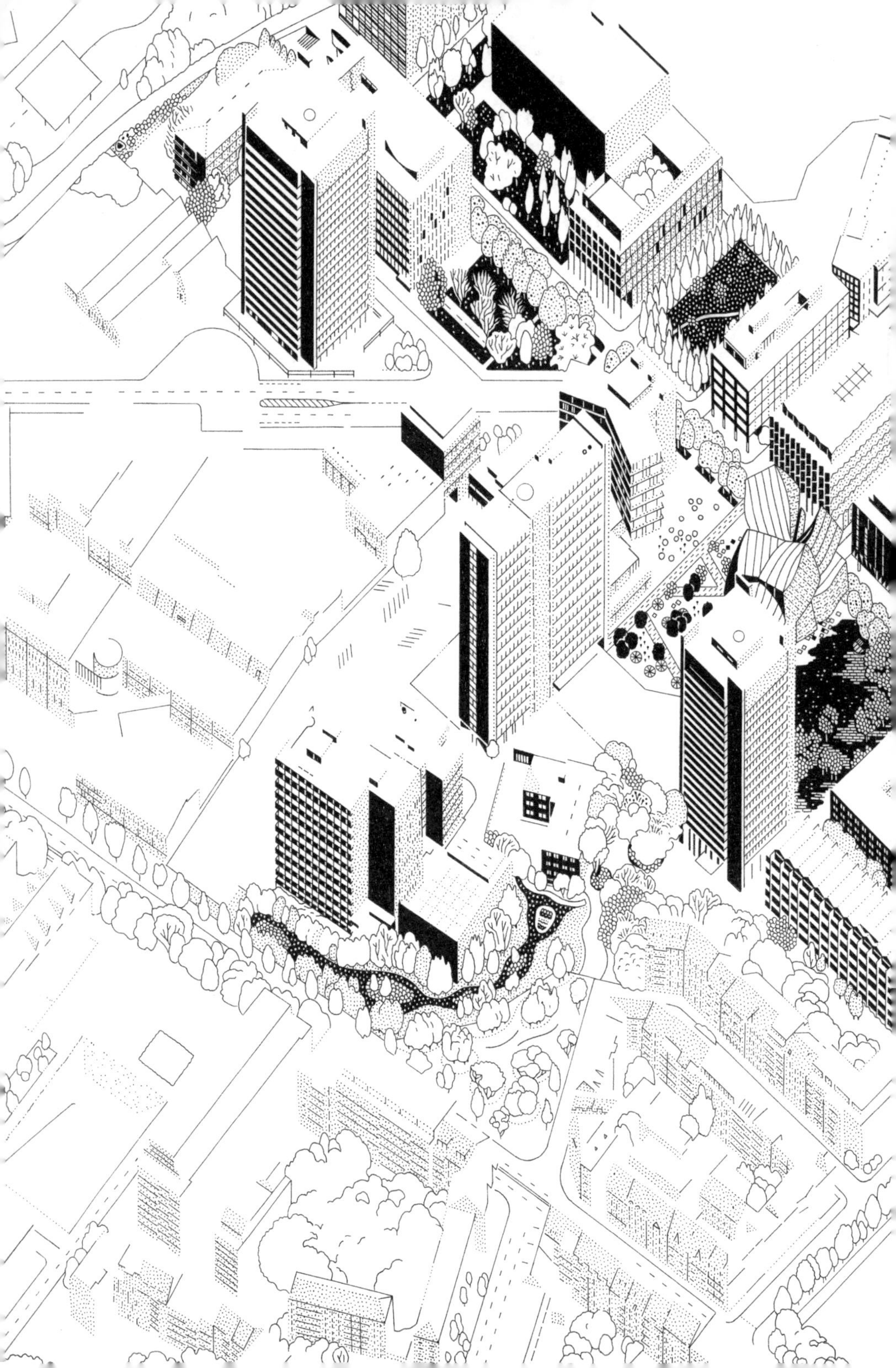

Erste Freiräume

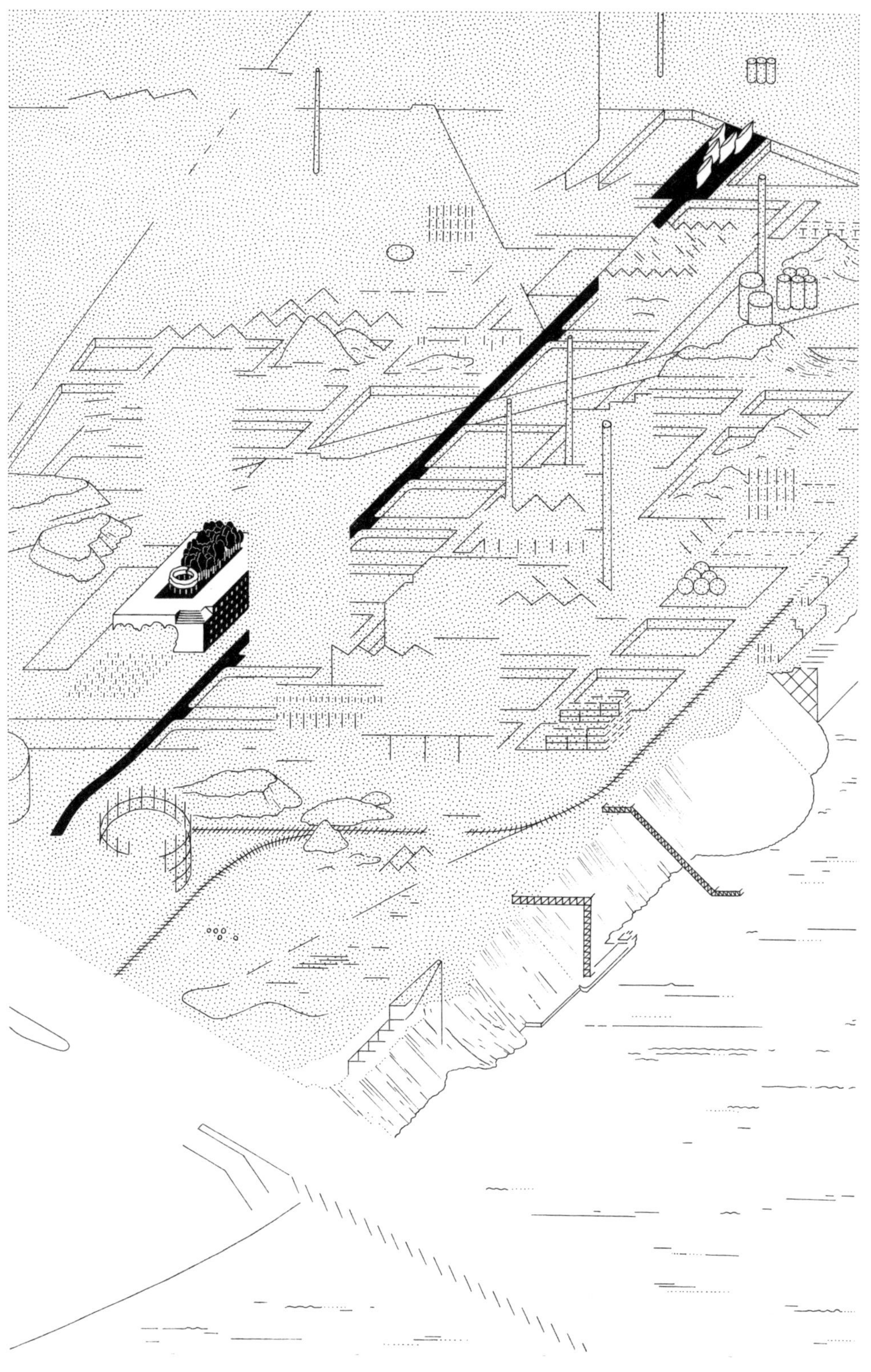

Das rund dreissig Fussballfelder grosse Areal im Basler St. Johann-Quartier wurde 1996 nach der Fusion von Sandoz mit Ciba-Geigy zum Sitz der neu gegründeten Novartis. Drei Jahre später beauftragte der damalige CEO Daniel Vasella den italienischen Architekten und Stadtentwickler Vittorio Magnago Lampugnani mit dem Erstellen eines städtebaulichen Masterplans. Dabei sollte das ehemalige Industriegebiet grundlegend umgestaltet und in einen Campus der Begegnung verwandelt werden. Expertinnen und Experten aus benachbarten Disziplinen begleiteten diesen Prozess, um der Komplexität des Gesamtprojekts gerecht zu werden.

Dem ‹Workshop› genannten Gremium gehörten neben Vittorio Magnago Lampugnani der Landschaftsarchitekt Peter Walker, der Kurator Harald Szeemann (später Jacqueline Burckhardt) für die Kunst, der britische Grafiker Alan Fletcher (später Michael Rock) für die grafische Gestaltung und Andreas Schulz für die Beleuchtung an. Dass sie nicht nur jeder für sich, sondern stets mit dem Blick auf das Ganze arbeiten würden – etwa durch die Einbindung der Kunst in die Gestaltung der Freiräume –, belegen bereits die ersten umgesetzten Projekte auf exemplarische Weise.

Dieses Zusammenspiel begünstigte das Entstehen eines Arbeits- und Forschungsortes, der von Kooperation und Kommunikation geprägt sein würde. Durch den Rückbau eines bestehenden Parkhauses und eines weiteren Gebäudes konnte die Fabrikstrasse als Rückgrat des Masterplans für den Campus angelegt werden. Die sukzessive Entwicklung weiterer Plätze und Grünflächen entlang dieser Achse signalisierte deutlich, dass das Areal fortan den Forschenden und nicht mehr der Produktion vorbehalten sein würde.

Forum 1 Courtyard

Forum 1 Courtyard

Landschaftsarchitektur Peter Walker (PWP Landscape Architecture)
Umsetzung 2002–2003
Fertigstellung 2003

Das auf der Westseite der Fabrikstrasse gelegene ehemalige Verwaltungsgebäude von Sandoz ist ein klassisch anmutender Bau, der aus zwei übereck angeordneten Riegeln besteht und mit einer Fassade aus grünlichgrauem Muschelkalk versehen wurde. Das Gebäude wurde 1939 von den Liestaler Architekten Brodtbeck & Bohny in Arbeitsgemeinschaft mit Eckenstein & Kelterborn realisiert. Nach dem Zweiten Weltkrieg wurde es im Norden und Westen um je einen Flügel ergänzt und umschliesst seither einen Innenhof.

Der hier entstandene Courtyard-Park ist die allererste Umsetzung nach dem Masterplan selbst. Der Entwurf stammt von Peter Walker, der für das Gesamtkonzept der Landschaftsarchitektur auf dem Campus verantwortlich zeichnet. Der Hain aus Himalaja-Birken im nördlichen Teil des Innenhofs entstand anstelle eines Gebäudes, in dem früher ein Archiv untergebracht war, und ersetzt unter anderem einen überwucherten Garten. Er nimmt etwa zwei Drittel der langgestreckten Hoffläche ein. Entlang der Fassaden ist er locker gepflanzt, zur Hofmitte hin nimmt die Dichte des Hains zu.

Im südlichen Teil dieses Innenhofs befindet sich heute eine von 24 Hainbuchen eingerahmte kreisförmige Grünfläche: ein Ort, an dem sich die Mitarbeiterinnen und Mitarbeiter treffen können. In der Mitte des Hofs verbindet ein lineares Wasserbecken den Birkenhain mit der von Hainbuchen gesäumten Rasenfläche. Der Garten wird von Wegen, die mit weissen Marmorplatten belegt sind, gekreuzt. Sie versinnbildlichen das Schweizerkreuz. Die Belichtung ist hauptsächlich natürlich oder sie fällt indirekt aus den Nachbargebäuden in den Hof; daneben gibt es Lichter auf Bodenhöhe, die in unterschiedlicher Intensität leuchten können.

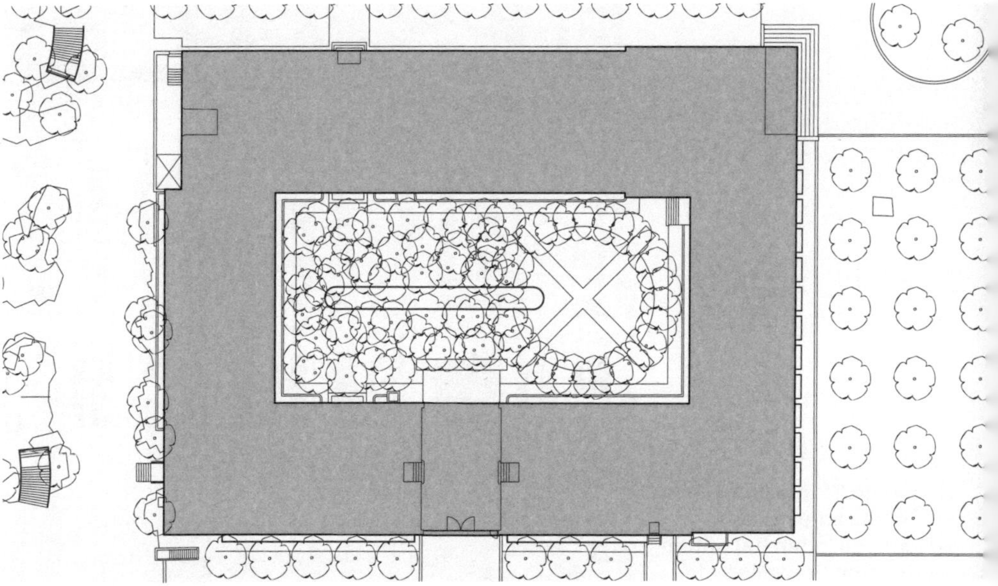

Forum 1 Courtyard

An warmen Tagen können die grossen vertikal ausgerichteten Fenster der Besprechungszimmer, die zum Innenhof liegen, geöffnet werden.

Bequeme Stühle und Tische im Schutz eines Birkenwäldchens laden bei gutem Wetter zum Verweilen ein.

Forum 1 Courtyard

Neben dem Kreuzungspunkt der beiden Wege steht *La grande cathédrale*, eine Bronzeplastik der Bildhauerin Alicia Penalba aus dem Jahr 1971.

❶ *Murs vibrants*

Murs vibrants

1

Kunstwerk Jesús Rafael Soto
Entstehung 1971
Installation 1972
Material Lackierte, eloxierte Aluminiumstangen
Dimensionen 390×1561×530 cm (H×B×T)

Das grossformatige Werk des venezolanischen ‹Meisters der Kinetik› Jesús Rafael Soto – eine abstrakte Rauminstallation aus gelben und blauen Metallstäben – befindet sich in der Eingangshalle des Forum 2. Das Bürogebäude von Burckhardt Architekten ist zwischen 1964 und 1966 gebaut worden. Soto wurde mit der Entwicklung seines Kunstwerks bereits während der Planungsphase des Gebäudes beauftragt. Diese Form des Zusammenarbeitens von Künstlerinnen und Architekten sollte später während der Umsetzung des Novartis Campus weitergeführt werden.

Der Künstler wollte die von dem Kunstwerk ausgehende Wirkung bewusst nicht festlegen. Schwingungen, Verdichtungen und Ballungen entstehen, wenn man sich im Raum bewegt, sie sind jeweils einmalig und geschehen im momentanen Gegenüber von Kunstwerk und Betrachtenden. In einem Interview im ‹Sandoz Bulletin› (Nr. 26/1972) sagte Soto: «Ob das Werk Flair hat, welche Wirkung es beim Betrachter erzielt, ist immer eine Überraschung, *une sorte de rigueur métamorphosée dans l'aléatoire, ... dans le hasard.*» Dem entspricht auch, dass der Künstler dem Werk keinen Titel gegeben hat, er wollte die Interpretation und das Erleben der Betrachtenden in keine bestimmte Richtung lenken.

Soto entschied sich für gelbe und blaue Metallstäbe, denn in diesem Land, in dem der «Winter so lang ist und es so viele graue Tage gibt», sei es gut, mit ein wenig Farbe «Fröhlichkeit ins Leben» zu bringen.

Sculpture Plaza

Sculpture Plaza

Landschaftsarchitektur Peter Walker (PWP Landscape Architecture)
Umsetzung 2003–2004
Fertigstellung 2004

Am nördlichen Ende des Novartis Campus, unmittelbar hinter der Grenze, befindet sich auf der französischen Seite ein grosser Parkplatz für die Beschäftigten von Novartis. Zwischen diesem und dem eigentlichen Gelände befand sich ursprünglich ein Bahngleis, das den Fussgängerverkehr beeinträchtigte. Novartis beauftragte den Landschaftsarchitekten Peter Walker mit der Planung einer Unterführung für Passantinnen und Passanten sowie mit einem Ankunftsplatz.

Das in der Planung noch als ‹Swiss Place› bezeichnete Projekt markiert das Ende der Fabrikstrasse und den Hintereingang zum Novartis Campus. Der entstandene öffentliche Raum ist aber so viel mehr als lediglich ein Ein- und Ausgang. So bildet die von Peter Walker entworfene Sculpture Plaza unter anderem einen idealen Rahmen für Richard Serras grossformatige abstrakte Skulptur *Dirk's Pod* aus dem Jahr 2004 →S. 52. Das Kunstwerk besteht aus fünf beschwingt geformten Teilen aus jeweils zwei Stahlplatten.

Der Boden des Platzes wurde mit weissen Moncini-Granitplatten belegt. Sie sind in einem Quadermuster angeordnet, das senkrecht zur Hauptachse der Skulptur verläuft. Um zu verhindern, dass der Rost der Stahlskulptur den Granit verfärbt, wurden Schlitzdrainagen eingebaut. Die Unterführung ist eine Gussbeton-Konstruktion mit Geländern und Beschlägen aus Edelstahl und mit Sicherheitstoren aus Glas. Die Stufen und die Pflasterung sind farblich auf den Stein des Platzes abgestimmt.

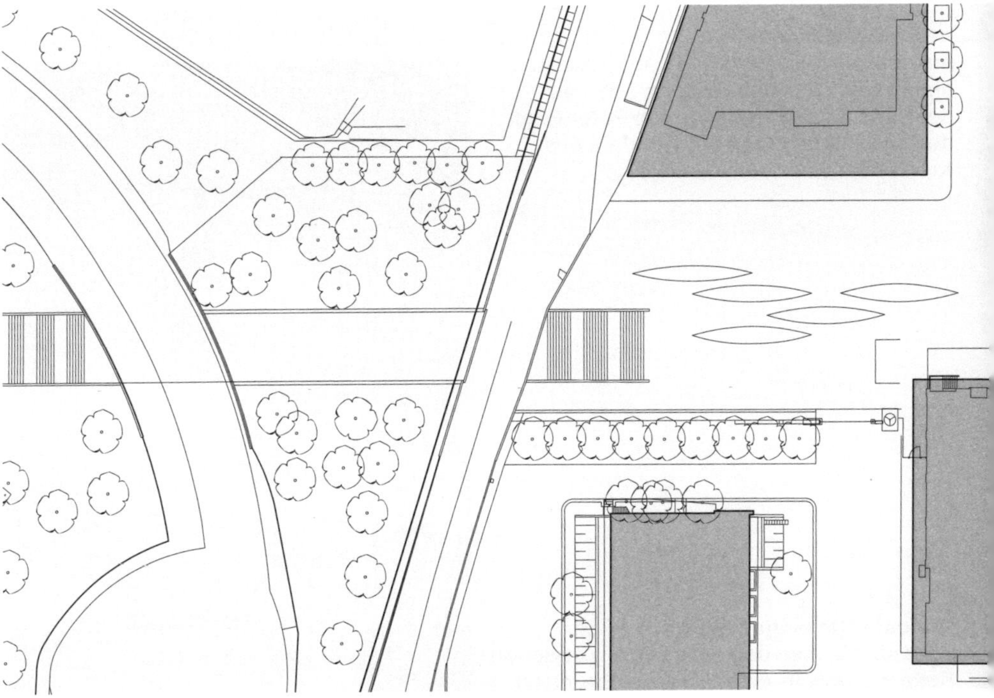

Sculpture Plaza

Auf der französischen Seite, in Huningue, nimmt seit 2012 das Werk Nr. 287 aus der Serie *Reality Hacking* von Peter Regli den Kreisverkehr ein: ein Mandala aus Keramikfliesen.

Der gut 80 m lange Weg wird auf der schweizerischen und auf der französischen Seite von jeweils einer Strasse überquert.

Sculpture Plaza

2

Richard Serras Skulptur bildet den perspektivischen Fluchtpunkt der Fabrikstrasse.

2 Dirk's Pod

Dirk's Pod

2

Kunstwerk Richard Serra
Entstehung 2003–2004
Installation 2004
Material Cortenstahl
Dimensionen 10 Platten, je 5,1×14,5×0,05 m
Gewicht pro Platte 29 t

Den Notizen des Kurators und Ausstellungsmachers Harald Szeemann ist zu entnehmen, dass für den nördlichen Abschluss der Fabrikstrasse nur ein Künstler infrage gekommen sei: der Bildhauer Richard Serra. Dieser hat für Novartis mit *Dirk's Pod* eine seiner grössten Stahlskulpturen geschaffen – und zwar noch bevor das erste neue Gebäude auf dem Campus fertiggestellt war. Sie besteht aus fünf identischen, je rund 5 Meter hohen und knapp 15 Meter langen Elementen, die sich an beiden Enden stark verjüngen und jeweils aus zwei dynamisch gebogenen, bündig aneinandergesetzten Cortenstahlplatten bestehen. Die fast 300 Tonnen schwere Skulptur wurde mit dem Schiff nach Basel transportiert. Alle fünf parallel angeordneten Elemente der von Serra als ‹Walgruppe› verstandenen Form sind auf die Fabrikstrasse ausgerichtet, zwei davon stehen sich genau gegenüber, die anderen sind versetzt. Die Bewegungen und Proportionen der Gruppe bestimmen die Beziehung der Skulptur zur Umgebung, die je nach Standort eine andere Wirkung hat. Serra widmete das Werk dem Fotografen Dirk Reinartz, der 2004 unerwartet verstarb und die Arbeit des Künstlers über Jahrzehnte in seinen Schwarz-Weiss-Fotografien dokumentiert hat.

Adressierung

Industriegelände sind aus nachvollziehbarem Grund abgeschlossen, während Campusgelände sich nicht von ihrem natürlichen und städtischen Kontext abgrenzen und ein hohes Mass an Porosität aufweisen. Um eine solche Durchlässigkeit auf dem Novartis Campus zu erreichen, wurden im Rahmen des Transformationsprozesses neue Strassen hinzugefügt und die Erschliessung neu überdacht. Mit Blick auf die grösseren urbanen Zusammenhänge wurde die Neugestaltung des Eingangsbereichs im Süden prioritär behandelt und hier die neue Hauptadresse etabliert.

So entstanden ab 2005 das Main Gate →S.76 an der Voltastrasse und ein von einer Kolonnade und Bäumen gesäumter Gehweg entlang der Fabrikstrasse, der mit Fertigstellung der Gebäude sukzessive bis zum bestehenden Parkplatz im Norden verlängert wurde. Anders als der naturnahe Park am südlichen Eingang des Campus →S.188 zeichnen sich die neuen Freiräume innerhalb des Stadtrasters durch ihre geometrische Strenge aus, die durch informelle Nutzungen und Kunstobjekte ausgleichend ergänzt wurde.

Zeitgleich wurden die ersten Neubauten gemäss den städtebaulichen Vorgaben des Masterplans fertiggestellt. Dessen Ordnungsprinzipien lassen Individualität nicht nur zu, sondern fordern sie regelrecht ein. So entstanden auf der Grundlage von Architekturwettbewerben die ersten neuen Bürogebäude und ein Besucherzentrum. Vittorio Magnago Lampugnani wollte, wie er 2002 in einem Gespräch mit Rita Capezzuto sagte, dass der neue Campus zahlreiche Signaturen tragen sollte: «wie auch die meisten Städte, die wir lieben und uns als Vorbild dienen» (‹Wo Menschen gern sind›, S. 47).

Forum 3

Forum 3

1

Architektur Diener & Diener, Helmut Federle, Gerold Wiederin
Bau 2003–2005
Bezug 2005
Nutzung Bürogebäude
Programm Erdgeschoss mit Sitzungszimmer und grossem Workshopraum; 4 Obergeschosse mit Büros; 1 Untergeschoss

Forum 3 der Basler Architekten Diener & Diener ist das erste Bürogebäude, das im Rahmen der Neugestaltung des Campus geschaffen wurde. Im Gebäude werden zwei Grundprinzipien der Campus-Idee umgesetzt: Die gesamte Arbeitswelt entspricht zum einen dem Prinzip des Activity-Based Working, dieses umfasst eine Vielzahl von individuellen, gemeinsam genutzten, offenen und geschlossenen Arbeitsbereichen. Zum anderen wurde das unmittelbare Nebeneinander von Abteilungen in einem Gebäude umgesetzt, um so eine optimale Zusammenarbeit in den Teams und über ihre Grenzen hinweg zu ermöglichen.

Das aus insgesamt 1200 farbigen Glasplatten bestehende mehrschichtige Kunstwerk bildet die äussere Fassadenschicht des Gebäudes. Es ist eine Komposition des Schweizer Malers Helmut Federle, die er zusammen mit dem österreichischen Architekten Gerold Wiederin schuf. Die 29 verschiedenen Farben (die helleren befinden sich bei den Arbeitsplätzen) sind eine Reminiszenz an den Ursprung der Firma als Produktionsstelle synthetischer Farbstoffe. Der Künstler bezog sich mit seiner Auswahl bewusst auf die Palette, welche die Vorgängerfirmen von Novartis als Textilfarbstoffe herstellten.

Entlang der südlichen und nördlichen Fronten des Gebäudes erstreckt sich auf jedem Geschoss zwischen der inneren und der äusseren Fassadenschicht ein 2 Meter breiter Balkon, der als Loggia genutzt werden kann. Eine Wendeltreppe, welche die vier oberen Stockwerke miteinander verbindet, fördert den Austausch der Mitarbeiterinnen und Mitarbeiter. Im verglasten Erdgeschoss sind wechselnde Kunstwerke ausgestellt, die von aussen einsehbar sind.

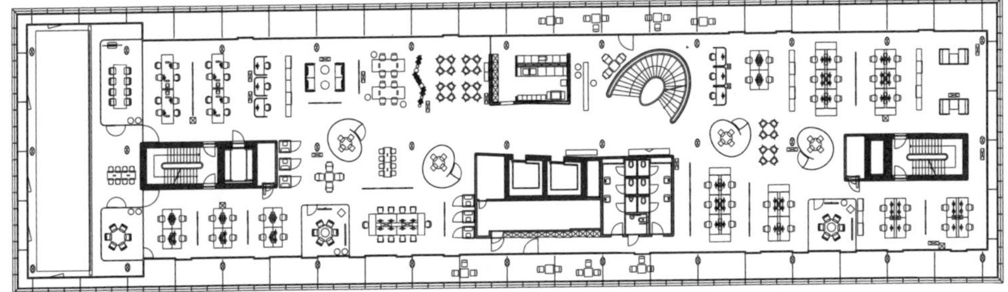

1

Forum 3

Die Holztreppe mit amerikanischem Nussbaumfurnier hat die Form einer ins Ovale ausschweifenden Spirale.

Am Standort des Gebäudes befand sich früher ein Parkhaus, das für die Umsetzung des Masterplans rückgebaut wurde (Foto 1949/1950).

Die Komposition der unregelmässig angeordneten Farbgläser ist auf drei Ebenen angebracht.

Ein Teil der Seitenfronten lässt sich zum Forum → S. 82 hin öffnen und erweitert das Gebäude damit im Sommer in den Aussenraum.

③

Tyger Tyger

Tyger Tyger

3

Kunstwerk Kerim Seiler
Entstehung 2011
Installation 2011
Material Lärchenholz, Chromstahl, Lack
Dimensionen 19×25×9 m

Novartis beauftragte den Schweizer Künstler Kerim Seiler mit einer Skulptur für die Fassade des Mitte der 1960er-Jahre errichteten Bürogebäudes Forum 2. Auf den ersten Blick besteht das neue ‹Gesicht› nun aus farbigen Linien, die ihren Weg über die Aussenwand suchen und auf denen sich Stahlvögel ausruhen. Ursprünglich trafen diese auf der Terrasse der Kindertagesstätte zusammen, wo noch heute ein verchromter Stahltiger steht. Die Fassadenskulptur besteht aus massivem Engadiner Lärchenholz und wurde in der Werkstatt des Künstlers in Zürich gefertigt.

Seilers Plan war es, ein Werk zu schaffen, das den Ort auszeichnet und das Kinder positiv mit ihm verbinden können.

Die Konstruktion auf der Fassade mag ob ihrer Ausmasse zunächst unheimlich wirken, aber sobald man die Terrasse erreicht hat, stellt sie sich als freundliches Wesen heraus. *Tyger Tyger*, der Titel des Kunstwerks, bezieht sich auf ein Gedicht des englischen Schriftstellers William Blake, das er erstmals 1794 in seiner Sammlung ‹Songs of Experience› veröffentlichte:

Tyger Tyger, burning bright,
In the forests of the night;
What immortal hand or eye,
Could frame thy fearful symmetry?
(William Blake, ‹The Tyger›, Auszug)

Fabrikstrasse 6

Fabrikstrasse 6

Architektur Peter Märkli
Bau 2004–2006
Bezug 2006
Nutzung Bürogebäude, Business Center für Gäste
Programm Erdgeschoss mit 2 offenen Hallen für variable Nutzung sowie Café; 5 Obergeschosse, davon 4 Büroetagen, im 1. Obergeschoss Meetingräume und Arbeitsplätze für angemeldete Besucherinnen und Besucher; 2 Untergeschosse mit Auditorium

Das Gebäude Fabrikstrasse 6 wurde vom Schweizer Architekten Peter Märkli entworfen. In den oberen Geschossen befinden sich Büros, die dem Konzept des Activity-Based Working folgen und gemeinschaftliche und individuelle sowie offene und geschlossene Arbeitsbereiche bieten. Das Erdgeschoss und das erste Obergeschoss sind für Geschäftsgäste zugänglich. Die offene Gestaltung des Atriums in der Mitte des Gebäudes fördert die Kommunikation und das zufällige Aufeinandertreffen der Mitarbeiterinnen und Mitarbeiter.

Märklis Gebäude befindet sich in prominenter Lage am Forum und in der Nähe des Haupteingangs. Es ist der minimalistischen Sprache der Moderne ebenso verpflichtet wie dem Reichtum europäischer Architekturtradition: Klarheit und Präzision bestimmen den Rhythmus der Räume und Säle, die von marmorverkleideten Säulen und holzgetäfelten Decken und Wänden durchzogen sind. In die Hauptfassade des Gebäudes zur Fabrikstrasse hin ist ein Kunstwerk von Jenny Holzer integriert, ein 3 Meter hohes LED-Schriftband als Träger für 1000 weltweit gesammelte Sprichwörter und Aphorismen →S. 68.

Im Erdgeschoss befindet sich ein Café mit Sitzmöglichkeiten für die Mitarbeitenden und ihre Gäste. In der ersten Etage, die über eine zentrale Treppe zugänglich ist, befinden sich Arbeitsplätze sowie Meetingräume. Das Erdgeschoss wird unter anderem für Gruppenanlässe genutzt – ein ‹Cinerama› genannter Bereich kann durch einen dichten Vorhang für Vorträge oder Filmvorführungen abgetrennt werden. Im zweiten Untergeschoss befindet sich ein zweigeschossiges Auditorium mit Tageslicht und 124 Sitzplätzen.

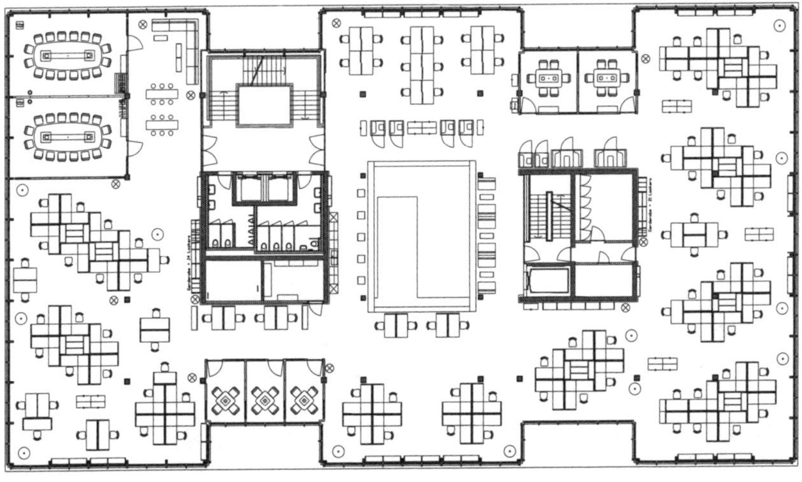

Fabrikstrasse 6

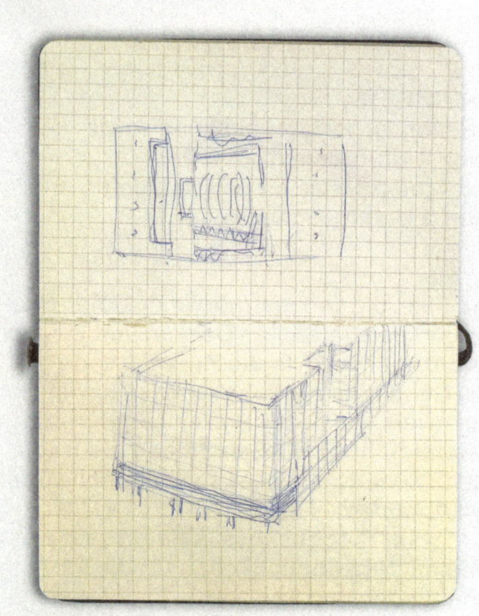

Die Fassadengestaltung verbindet die rationale Struktur eines Bürogebäudes mit dem Charakter eines Kulturbaus (Skizze Peter Märkli).

Die Decke der Arkade ist mit Zedernholz verkleidet.

Das im Foyer befindliche grossformatige Gemälde *Chemiebild* oder *Die Neue Zeit* (Öl auf Leinwand, 1940) von Niklaus Stoecklin zeigt die Isolierung von pharmazeutischen Wirkstoffen aus Arzneipflanzen bis zu verkaufsfertigen Medikamenten.

Fabrikstrasse 6

Nahtlos gefügter Carrara-Marmor, edles Eiben- und Olivenholz und tiefblaue Teppiche schaffen eine Atmosphäre barocker Opulenz.

Die rautenförmigen Aluminiumstrukturen des von Alex Herter entworfenen Geländers nehmen die Form der Rautengitter an der Fassade auf.

4

For Novartis (A 1000 Sayings)

For Novartis (A 1000 Sayings)

4

Kunstwerk Jenny Holzer
Entstehung 2006
Installation 2006
Material LED-Leuchtmittel
Dimensionen 3×30 m

Der künstlerische Schwerpunkt in Jenny Holzers Werken im öffentlichen Raum liegt auf der Arbeit mit Texten, Worten und Ideen. Für ihr Projekt am Bau Fabrikstrasse 6 →S. 64 stellten Holzer und ihr Studio über 1000 Redewendungen zusammen: Anweisungen, Aphorismen, Weisheiten und irritierende politische und philosophische Einsichten aus der ganzen Welt: «Art has no enemy but ignorance», «Gifts enter without knocking», «Thinking is very far from knowing»... Textelemente wie diese erscheinen auf einer 3 Meter hohen und 30 Meter breiten elektronischen Anzeige als Laufschrift. Die weissen LEDs sind auf der Höhe des ersten Obergeschosses in 203 Aluminiumstäbe integriert. Die Sätze scheinen durch die Luft des Campus oder über die Fassade zu wehen, wobei sie Materielles und Immaterielles streifen. Jenny Holzer kommentierte ihr Werk mit diesen Worten: «Ich wollte, dass dieses internationale Unternehmen mit seinem Campus ein Wissen aufblitzen lässt, das Ausdruck des gesunden Menschenverstands ist. Schliesslich sollte man vielen Stimmen Gehör verschaffen.» (‹Novartis Campus – Fabrikstrasse 6›, S. 37)

3 Fabrikstrasse 4

Fabrikstrasse 4

3

Architektur SANAA
Bau 2005–2006
Bezug 2006
Nutzung Bürogebäude
Programm Erdgeschoss mit Sitzungszimmern und Badge-Office; 5 Obergeschosse mit Büros; 1 Untergeschoss mit Sitzungszimmern und Technikräumen

Der Entwurf für den Bau Fabrikstrasse 4 stammt von dem japanischen Architekturbüro SANAA. Kazuyo Sejima und Ryue Nishizawa haben das auch von ausserhalb des Novartis Campus gut sichtbare Gebäude ganz aus Glas entworfen. Mit dieser konsequent umgesetzten Transparenz und Offenheit will man den Dialog mit der Umgebung und der Stadt signalisieren. Schlichtheit und Minimalismus bestimmen die Struktur des Gebäudes, das nur aus zwei Elementen zu bestehen scheint: aus Glas und weissen Kuben.

Die tragende Struktur des Gebäudes tritt visuell in den Hintergrund. Im Inneren fördert der Glasbau Kommunikation, Austausch und Zusammenarbeit durch flexibel konzipierte Räume, die sich an verschiedene Nutzungen anpassen lassen. Die Passerellen, die im ersten, zweiten und vierten Obergeschoss die beiden Längsflügel des Gebäudes verbinden, sind gleichzeitig Bereiche, in denen sich die Mitarbeitenden auch zufällig begegnen und sich miteinander austauschen können.

Die Hofgestaltung lockert die Architektur des Gebäudes mit dem strengen Fassadenraster etwas auf. So wurden für den Innenhof Wege und eine Begrünung gestaltet, Letztere unter anderem mit Bonsaibäumen, Farnen, Gräsern, Bodendecker-Stauden und Blaublatt-Funkie (Hosta). Innen und aussen verschmelzen, wodurch an diesem Ort eine ruhige und ausgeglichene Arbeitsatmosphäre entsteht.

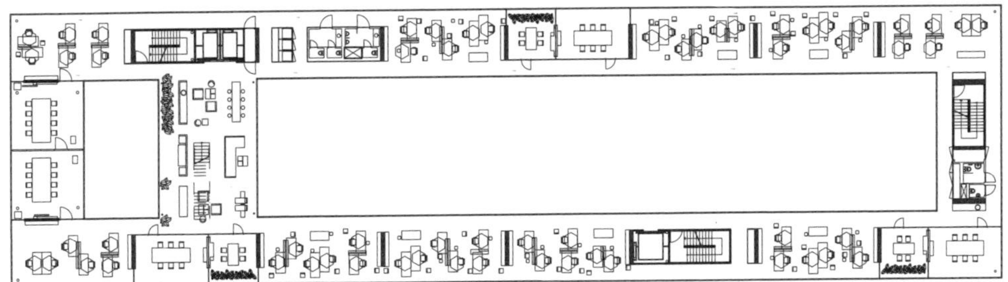

Fabrikstrasse 4

Die Fabrikstrasse 4 definiert zusammen mit dem Forum 3 →S. 58 und dem Main Gate →S. 76 den Eingang zum Novartis Campus.

Die japanischen Kirschbäume im Park Süd →S. 188 reichen bis an die Fassade der Fabrikstrasse 4.

Verschiedene Fassadenvarianten wurden als Mockup gebaut (Foto 2005).

Fabrikstrasse 4

3

Die textbasierte Neon-Skulptur von Cerith Wyn Evans ist von der Decke der Galerie abgehängt. Der Künstler hat für sie das lateinische Palindrom «In girum imus nocte et consumimur igni» (Wir drehen uns nachts im Kreis und werden vom Feuer verzehrt) in Form eines Rings gestaltet.

Die Inneneinrichtung (Beleuchtung, Möblierung und Teppiche) wurde von der Pariser Innenarchitektin und Designerin Andrée Putman entworfen.

❺ Curve and Straight Line

Curve and Straight Line 5

Kunstwerk Dan Graham
Entstehung 2007–2008
Installation 2008
Material Zwei-Wege-Spiegelglas, Stahl
Dimensionen 2,5×6×2,8 m

Das Kunstwerk *Curve and Straight Line* von Dan Graham wurde eigens für den Standort Park Süd →S. 188 des Novartis Campus geschaffen und auf der Grünfläche vor dem von SANAA entworfenen Bürogebäude Fabrikstrasse 4 →S. 70 installiert. Grahams kritisches Engagement manifestiert sich seit den späten 1970er-Jahren in solchen Glas- und Spiegelpavillons, die Räume zwischen Skulptur und Architektur erzeugen. Die im öffentlichen Raum installierten Werke stehen in der Tradition der ‹Follies› in historischen Lustgärten. Sie basieren auf einem streng geometrischen Design und bestehen aus transparentem oder verspiegeltem Glas.

Der Grundriss des Pavillons im Park Süd gleicht einem X, wobei eine Linie leicht konkav zum Gebäude gebogen und die andere gerade ausgerichtet ist. Die beidseitig verspiegelten Glaswände sind aus Stahl gerahmt und halbtransparent. Sie bestimmen die Durchsichtigkeit und den Dialog zwischen den Betrachterinnen und Betrachtern und der Landschaft. Im weiteren Sinn ist es aber auch eine Reflexion über das Kunstwerk und seinen künstlerisch-diskursiven Kontext. Es eröffnet Fragen zu Nutzung, Wirkung und Erleben von öffentlichen Orten.

Main Gate

Main Gate

4

Architektur Marco Serra
Bau 2004–2007
Bezug 2007
Nutzung Empfangsgebäude
Programm Hauptpforte mit direktem Zugang zum Parking in den 2 Untergeschossen

Die 24 Stunden besetzte Hauptpforte ist die erste Anlaufstelle für Mitarbeitende und Besucherinnen und Besucher des Novartis Campus. Der Zürcher Architekt Marco Serra, der die Umsetzung des Campus-Masterplans bereits seit 2003 betreute, wurde beauftragt, die bisherige Südpforte durch ein repräsentatives Main Gate zu ersetzen. Gleichzeitig entstanden das zweigeschossige unterirdische Parking mit Ein- und Ausfahrten (siehe Grundriss) und ab 2006 der von Vogt Landschaftsarchitekten geplante Park Süd →S. 188.

Die Glasfassaden an allen vier Seiten des Gebäudes symbolisieren Offenheit, gleichzeitig haben sie auch eine statische Funktion: Die 28 Tonnen wiegende, weit auskragende Dachkonstruktion liegt frei auf den tragenden Glaswänden auf. Das fugenlos erstellte, 21,6×18,5 Meter grosse Dach besteht aus glasfaserverstärktem Kunststoff. Innen befindet sich der Empfangstresen, über dem eine Absorptionsfläche direkt im Dach verankert ist; sie sorgt für eine besondere Raumakustik. Die Stoffbänder dieser Fläche wurden in die Decke eingeflochten, sodass der Eindruck eines ‹fliegenden Teppichs› entsteht.

Über Treppen gelangt man in das Parking. Für Fahrzeuge erfolgt die Erschliessung der Tiefgarage bereits ausserhalb des Campus von der Fabrikstrasse her, sie umfasst fast 1200 Parkplätze. Diese Zahl verdeutlicht, dass das Main Gate auch als kompakter Hub und Knotenpunkt verstanden werden kann: Von hier werden die Verkehrsflüsse verteilt und das Wechseln in den Fussgängerverkehr ermöglicht. Vor dem Empfangsgebäude war ursprünglich Ulrich Rückriems *Wellenbrecher* →S. 198 aufgestellt, die Skulptur wurde später in die Rhine Terrace →S. 194 umgesiedelt.

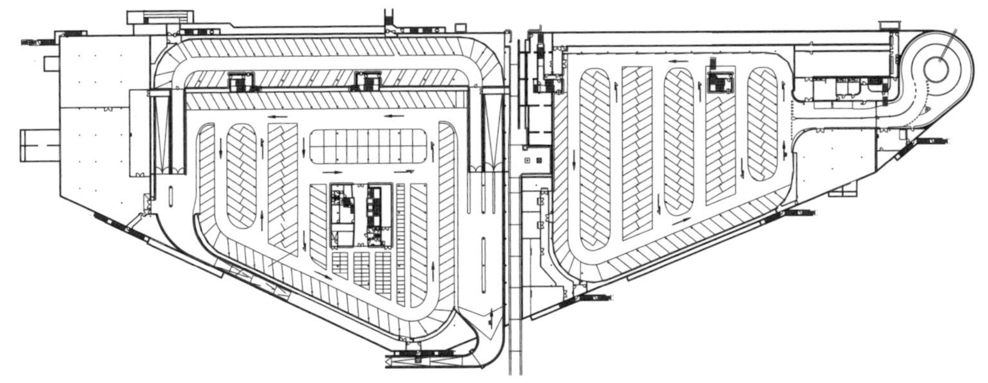

4 Main Gate

Die Eingangstür ist eine hydropneumatisch angetriebene und 3 m hohe Doppelflügeltür.

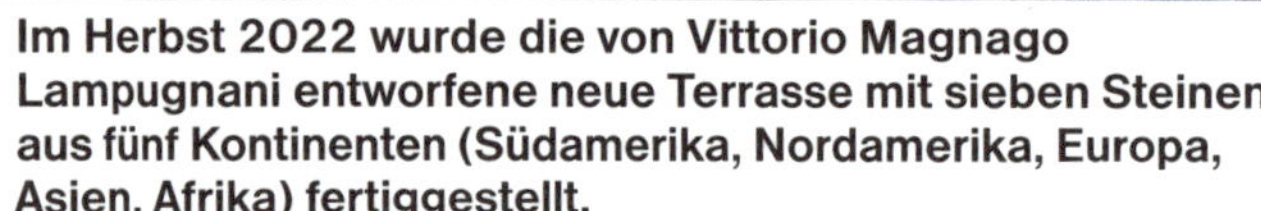

Im Herbst 2022 wurde die von Vittorio Magnago Lampugnani entworfene neue Terrasse mit sieben Steinen aus fünf Kontinenten (Südamerika, Nordamerika, Europa, Asien, Afrika) fertiggestellt.

Um Vogelkollisionen mit den Glaselementen zu vermeiden, wurden Ulrich Rückriems *Vögel* auf der Fassade des Empfangsgebäudes angebracht – ihre Formvariationen wurden aus einer schachmathematischen Aufgabe hergeleitet.

Main Gate

4

Der von Eva Schlegel gestaltete 48 m lange ***Walkway*** →S.80 besteht aus 43 Glasplatten, auf die sie bis zur Unlesbarkeit bearbeitete Texte im Siebdruckverfahren aufgebracht hat. Er verbindet das Main Gate mit dem Gebäude Fabrikstrasse 4 →S.70 und bildet den Übergang zur ersten Arkade.

Sieben aus Metall und Textilbändern hergestellte Stühle aus Franz Wests Serie *Onkel-Stühle* stehen im Empfangsgebäude.

Walkway

Walkway

6

Kunstwerk Eva Schlegel
Entstehung 2007
Installation 2007
Material Stahl- und Glaspaneele mit Siebdrucktexten
Dimensionen 3×3,5×48 m

Der *Walkway* der Künstlerin Eva Schlegel führt vom Main Gate →S.76 zu den ersten Bauten des Campus. Der langgestreckte Gang besteht aus 43 unregelmässig in Zweier- und Dreiergruppen oder vereinzelt angeordneten Glaspaneelen. Sie lassen eine asymmetrische Abfolge von Offenheit und Schutz entstehen, die gleichzeitig den Blick auf die umliegenden Grünanlagen des Park Süd →S.188 erlaubt. Die Glastafeln sind mit unscharf fotografierten Texten bedruckt, die aus der Bibliothek der Künstlerin stammen. Es sind Auszüge aus wissenschaftlichen Abhandlungen, Interviews und Gedichte – alle in unterschiedlicher Typografie, die als solche trotz der Unschärfe des Textes sichtbar bleibt. Eva Schlegel vergleicht die Tafeln mit unleserlichen Beipackzetteln. Sie schweben vor der Landschaft, die ihrerseits wirkt, als sei sie beschriftet. Scheint die Sonne schräg auf die Gläser, fallen die Schatten der Texte auf den Boden und beschriften so den Weg.

Forum

Forum

Landschaftsarchitektur Peter Walker (PWP Landscape Architecture)
Umsetzung 2006
Fertigstellung 2007

Im Unterschied zum scheinbar naturbelassenen Park Süd →S. 188 um den Haupteingang des Campus bestechen die Anlagen von Peter Walker durch ihre geometrische Strenge. Dies trifft auch für das Forum zu, das zwischen dem historischen Verwaltungsgebäude und dem Neubau von Diener & Diener, Helmut Federle und Gerold Wiederin →S. 58 liegt. Das Forum wurde mit dem gleichen Kopfsteinpflaster belegt, das auch in den Strassen des Campus verwendet wird: ein heller Granitstein aus den Bergen Sardiniens. Die Planer wählten das technisch grösstmögliche Pflastermodul – 1,62 × 1,30 Meter – und stimmten es mit der Anordnung der Bäume ab.

Die 35 sorgfältig in Reihen angeordneten Sumpfeichen sind auf einem mit gebrochenem Granitkies gepflasterten quadratischen Abschnitt des Platzes eingepflanzt, der bis unmittelbar an das Verwaltungsgebäude heranreicht. Das so entstandene ‹Boskett› (Wäldchen) bildet einen Freiraum, der die heterogenen Architekturen an seinen Seiten im Norden und Süden verbindet. Dieser Gedanke wird noch verstärkt, indem das Forum nur mit dem Licht, das von der Architektur ausgeht, beleuchtet wird.

Zur Fabrikstrasse hin befindet sich zwischen den Bäumen ein poliertes Granitbecken mit Koi-Karpfen. Zwei grössere Skulpturen von Ulrich Rückriem, *Tisch* und *7 Steine* – ein Granittisch und eine Gruppe von sieben Granitsteinen →S. 86 –, sind so zugeschnitten, dass sie die Fugen im Pflaster aufnehmen. Unterhalb der vorspringenden Glasfassade des Forum 3 befindet sich im Erdgeschoss ein Mehrzweckraum, der in den Aussenraum des Forums übergeht.

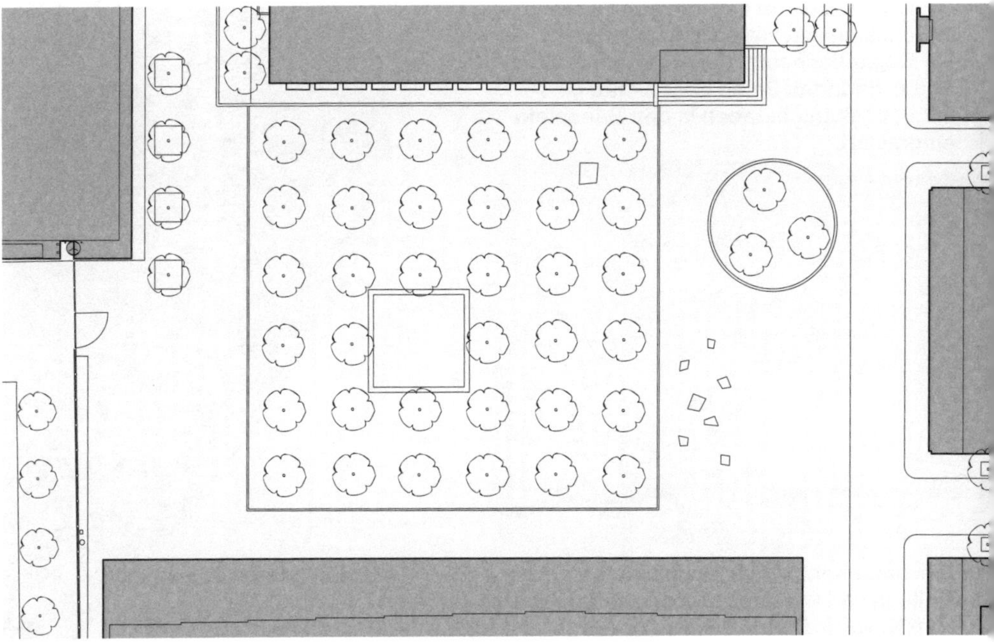

Forum

Ein ehemaliger Fahrzeug-Wendekreis umschliesst einen bepflanzten Bereich, in dem sich seit vielen Jahrzehnten ein Magnolienbaum, der sogenannte Boni-Baum, befindet. Seine Geschichte ist in Edelstahlbuchstaben in den Randstein eingraviert.

Die ausgewachsenen Eichen stammen aus Holland und wurden von dort rheinaufwärts zum Novartis Campus transportiert.

Das von August Suter-Moser 1939 geschaffene Relief *Kaufmann, Erfinder, Fabrikant, Exporteur* aus Mägenwiler Muschelkalk über dem Haupteingang des heutigen Forum 1 bildet den Kreislauf der pharmazeutischen Industrie ab (Foto 1939/1945).

7 Steine und Tisch

7 Steine und *Tisch*

7

Kunstwerk Ulrich Rückriem
Entstehung 2005
Installation 2007
Material Granit
Dimensionen Verschiedene

Ulrich Rückriem ist ein deutscher Bildhauer, der für seine monumentalen Steinskulpturen bekannt ist. Seine Arbeiten sind vom Minimalismus beeinflusst und zelebrieren die geometrische Form, behalten aber auch die Spuren der Werkzeuge und die natürlichen Strukturlinien des Steins bei. Die beiden Arbeiten *7 Steine* und *Tisch* befinden sich auf dem Forum.

Die erste Skulptur besteht aus sieben rohen Bianco-Sardo-Granitblöcken. Sie können mit den grob behauenen Felsen, wie sie in japanischen Zen-Gärten als Miniatur-Berglandschaften angeordnet sind, assoziiert werden. Das Zusammenspiel mit den flachen und normierten Bodenplatten (diese stammen aus demselben sardischen Steinbruch) repräsentiert die Beziehung zwischen dem Individuellen und der Serie.

Der *Tisch* ist ein gigantischer, kubischer Bleu-de-Vire-Granitmonolith aus der Normandie, der in drei gleich hohe horizontale Schichten geteilt wurde. Die untere Schicht ist im Boden versenkt und mit Kieselsteinen bedeckt. Aus der mittleren Schicht ist eine kreuzförmige Öffnung herausgeschnitten, sodass der verbleibende Stein vier Tischbeine zu bilden scheint. Die obere Fläche bildet die Tischplatte.

Verräum-
lichung

Die räumliche Orientierung im urbanen Raum wird weitgehend durch die visuelle Ordnung der Stadt bestimmt. Aus ihren Elementen konstruieren Menschen eine mentale Karte, die sie verinnerlichen und auf die sie, bewusst oder unbewusst, zurückgreifen. Mit der Ausbildung des orthogonalen Rasters, der den Novartis Campus heute definiert, übernahm Vittorio Magnago Lampugnani die dem Gebiet inhärente klare Lesbarkeit. Diese Organisation ermöglicht es aber auch, die bereits bestehenden oberirdischen und nicht zuletzt auch unterirdischen Strukturen des Geländes zu übernehmen.

Eine besondere Rolle bei der Entwicklung des Campus spielte die Ausbildung der Fabrikstrasse, die heute das gesamte Areal auf einer Länge von 600 Metern als zentrallineares strukturgebendes Element durchzieht. Entlang dieser Achse befinden sich die meisten der ab 2006 von verschiedenen internationalen Architekturbüros errichteten Neubauten. Die im Masterplan vorgegebene Traufhöhe von bis zu 25 Meter, die sich aus dem historischen Verwaltungsgebäude, dem heutigen Forum 1, ableitet, wird als gestalterisch disziplinierendes Element genutzt und sorgt gleichzeitig dafür, dass die einzelnen Gebäude trotz der hohen städtischen Dichte ausreichend Licht erhalten.

Die meisten Seitenstrassen gehen im rechten Winkel von der Fabrikstrasse ab. Einige wurden beim Umbau des Areals zum Campus neu angelegt, die anderen wurden neu gestaltet: gepflastert, mit Trottoirs, Bäumen und Beeten versehen und nach Wissenschaftlerinnen und Medizinern (in alphabetischer Reihenfolge) benannt. Ihre Namen sind dezent in den Belag eingelassen, wo sie von den Fussgängerinnen und Fussgängern gut zu lesen sind. Den dafür verwendeten ‹Campus Font› beauftragte Alan Fletcher bei dem Basler Typografen Bruno Maag, von dem auch die Namensgebung der 26 Strassen stammt.

5 Fabrikstrasse 10

Fabrikstrasse 10

5

Architektur Yoshio Taniguchi
Bau 2007–2009
Bezug 2010
Nutzung Laborgebäude
Programm Erdgeschoss mit Schullabor; Mezzanin mit Apotheke; 4 Obergeschosse mit Forschungs- und Büroetagen; 2 Untergeschosse, im oberen Lebensmittelgeschäft

Das Gebäude Fabrikstrasse 10 wurde vom japanischen Architekten Yoshio Taniguchi entworfen. Es besticht durch das kompakte Gesamtvolumen der vier hinter einer weissen Hülle befindlichen Obergeschosse. Das zurückversetzte Erdgeschoss besteht aus vier schwarzen Volumen an den Ecken, einem Glaspavillon im Zentrum und gewährt von der Strasse Einsicht in das erste Untergeschoss. Doch auch durch die eigenwillige Interpretation der säulenlosen Arkade unterscheidet es sich deutlich von den übrigen neuen Gebäuden an der Fabrikstrasse.

Die vier mächtigen Betonkerne agieren als Infrastrukturblöcke (sogenannte ‹riser›), von denen die Labor- und Büroetagen über das oberste, auf dem Dach befindliche Technikgeschoss abgehängt sind. Der vom Boden abgehobene Gebäudekörper hat einen wuchtigen und gleichzeitig leichten, fast schwebend-schwerelosen Charakter. Der Architekt bezeichnet den Bau als eine ‹floating box›, eine Grundidee, die er bereits in der ersten Projektskizze vorstellte. Die klaren Linien entsprechen der Präzision der Forschungsaktivitäten, die im Gebäude stattfinden.

Auch die chemischen und biologischen Labore der Fabrikstrasse 10 sind als Zonen für kollaboratives Arbeiten erstellt worden. Im Erdgeschoss ist seit 2023 das Schullabor beheimatet. Es bietet Jugendlichen Einblick in den Laboralltag und die Forschungstätigkeit einer realen Industrieumgebung. Das School^Lab ist eine Ergänzung des School^Hub im Novartis Pavillon →S. 200; es stellt Schülerinnen und Schülern Berufe aus der pharmazeutischen Branche vor. Im Mezzanin befindet sich eine Apotheke, im oberen Untergeschoss ein Lebensmittelgeschäft.

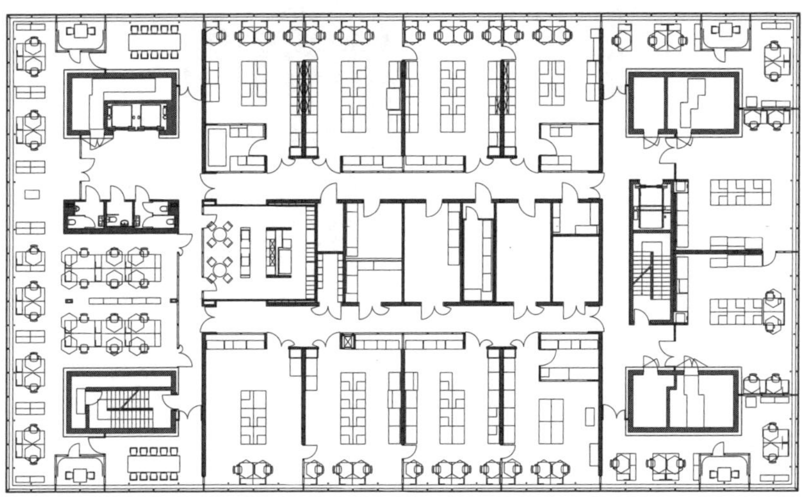

5 Fabrikstrasse 10

Das aussen mit silbergrauen Metallpaneelen verkleidete Dachgeschoss, in dem der Technikraum untergebracht ist, befindet sich oben auf der ‹floating box›.

Die Beschriftungen wurden als Teil der Signaletik des Gebäudes vertikal ausgeführt.

Fabrikstrasse 10

5

Das Gebäude beherbergt Forschungslabore und Büros von Novartis Biomedical Research: Hier werden unter anderem die Biomarker-Entwicklung und analytische Wissenschaften betrieben.

Die Entwicklung individualisierter Therapien, die sogenannte personalisierte Medizin, steht im Zentrum der Tätigkeiten in diesem Gebäude.

Zwei gläserne Aufzüge befördern die in den Laboren hergestellten Genchips.

8

Stonebud Ocean

Stonebud Ocean

8

Kunstwerk Lika Mutal
Entstehung 1990–1992
Installation 2003
Material Travertin
Dimensionen 215×230×159 cm

Die Travertinskulptur *Stonebud Ocean* der holländischen Künstlerin Lika Mutal befindet sich vor Bau 27. Mutals künstlerischer Schaffensprozess beginnt bei den meisten ihrer Skulpturen mit der Suche nach dem Material. Auf Wanderungen durch die Berge und Wüsten oder an den Küsten Perus (der Wahlheimat der Künstlerin) erkundet sie Steine, die sie dann sowohl für ihre monumentalen Skulpturen als auch für ihre kleineren Werke verwendet.

Bevor Lika Mutal die Steine aus ihrer natürlichen Umgebung entfernt, vollzieht sie Rituale, um die Erde um Erlaubnis zu bitten. Im Atelier werden die Steine dann auf ihre Eigenschaften untersucht. Oft bleiben sie dort jahrelang unberührt liegen, bevor die Künstlerin mit ihrer Bearbeitung beginnt. Dabei konzentriert sie sich darauf, sie zu ergänzen, anstatt sie zu verändern, um ihnen nicht ihren eigenen menschlichen Willen aufzuzwingen. Dieses Verständnis, jenseits der statischen Substanz des Steins, bringt sie dazu, von Hand und nicht mit Steinschneidemaschinen zu arbeiten. Ein interessanter Gegensatz zu den Werken von Ulrich Rückriem, von denen vier auf dem Novartis Campus zu sehen sind → S. 86, 198.

Fabrikstrasse 12

Fabrikstrasse 12

Architektur Vittorio Magnago Lampugnani
Bau 2006–2008
Bezug 2008
Nutzung Bürogebäude
Programm Erdgeschoss mit Eingangsbereich, öffentliches Restaurant mit separatem Eingang; 1. bis 4. Obergeschoss mit Büros; 5. Obergeschoss mit Zugang zum Dachgarten; 2 Untergeschosse

Das Gebäude Fabrikstrasse 12 wurde vom Masterplaner des Novartis Campus, Vittorio Magnago Lampugnani (Studio di Architettura, Mailand), entworfen und kann als ein verspäteter Musterbau verstanden werden. Er setzt die Rahmenvorgaben des Campus bezüglich Traufhöhe und Baufluchtlinien um, ist jedoch mit seinen 18 Metern schmaler als die anderen Gebäude. Wie der Architekt erklärt, versagt sich der Bau individualistische Reize zugunsten stilistischer Zurückhaltung, um so eine Kontinuität innerhalb des entwickelten Stadtmodells zu schaffen.

Dieser stilistischen Entscheidung entsprechend wurde die selbsttragende Fassade mit Carrara-Marmor verkleidet. Um Monotonie zu vermeiden, sind die Marmorplatten in einem versetzten Muster verlegt, das die Gestaltung des Pflasters aufgreift. Innen zeigt sich das Gebäude warm und in gedämpften Farben. Das nach oben offene Treppenhaus aus Nussbaumholz führt durch alle Etagen. Es erstreckt sich in einer geraden Linie über die ganze Tiefe des Bauwerks und schafft beeindruckende Ein- und Durchblicke.

Die unterschiedliche Möblierung der Obergeschosse entspricht einer thematischen Geschichte des Designs. Auch die Beschriftung der Etagen und Sitzungszimmer folgt einem ähnlichen System: Jeder Gemeinschaftsraum trägt den Namen eines bedeutenden Typografen, der auch der Urheber der Schriftart ist, in der sein Name geschrieben ist. Im Unterschied zu anderen neuen Gebäuden auf dem Campus wurden hier keine neuen Kunstwerke beauftragt, im Restaurant des Erdgeschosses werden stattdessen Fotografien aus dem Firmenarchiv ausgestellt → S. 102.

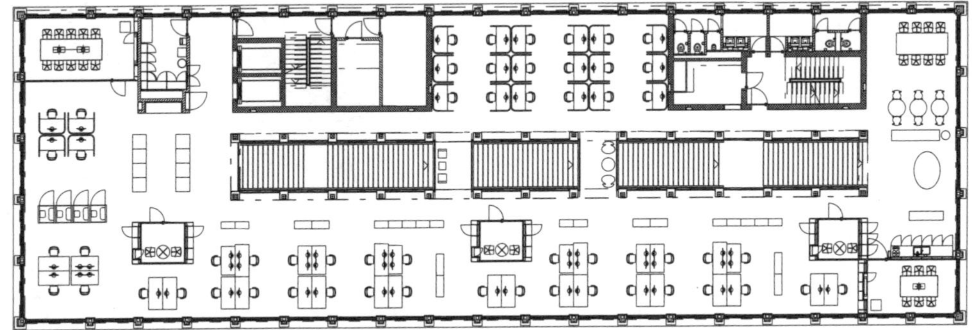

6 Fabrikstrasse 12

2. Weiterentwicklung
Maxianen

- ein vielfältiges System
- gekoppelt mit einer passenden Analogie
- unterschiedliche Schriften – visuelle Kommunikation:

1st Floor

2nd Floor

3rd Floor

4th Floor

1 → Johann Froben, verlegt
Drucker für Erasmus
von Rotterdam
1460 – 1527
→ Renaissance Antiqua
→ druckt in Basel
→ Humanismus / Renaissance

2 → Giambattista Bodoni,
Dichterfürst, Parma, 1740–1813
→ Klassizismus
→ Perfektion der Form
→ Industrialisierung

3 → Guillaume Appollinaire
→ Kunst, Visualisierung
von Sprache & Poesie
→ 1880 – 1918

4 → Marshall Mc Luhan
→ Medien & Kommunikation
→ The medium is the
message, Gutenberg Galaxy
→ 1911 – 1980
→ Elektronik

→ Hat der Dachgarten auch eine Analogie?

Alternative Analogien:

Basel/Grafik	Basel/Humanismus:	Druck/Kommunikation	Druck/Grafik/Komm...
Tschichold		Froben	Froben
Gerstner	Erasmus von Rotterdam	Baskerville / Caslon	Appollinaire
Ruder	Paul Sacher	Bodoni / Didot / Fournier	Bill
Weingart	Jacob Burckhardt	Mardersteig / Tschichold / Berthold	Otto Neurath
Hofmann	Paul Sacher	Mc Luhan	Sanders Pierce
Gürtler	Arthur Kohn		

Die ‹Zeitreise› durch die Geschichte der Typografie ist im Aufzug und im Treppenhaus abzulesen. Sie wurde mittels Skizzen von Sascha Lötscher (Gottschalk+Ash) entwickelt.

Zwei Teeküchen befinden sich jeweils am Treppenaustritt des 2. und 4. Obergeschosses.

Fabrikstrasse 12

Der Terrakotta-Bodenbelag sowie die Vasen des mediterran gestalteten Dachgartens stammen aus der Gegend des südlich von Florenz gelegenen Ortes Impruneta.

Die Arbeitstische sind Entwürfe von Lampugnanis Studio di Architettura, die Leuchten von Michele De Lucchi, Architekt des Novartis Pavillon →S. 200.

Ein Teil des Erd- und des Zwischengeschosses wird von dem 50 m langen und 6 m hohen hallenartigen Hauptraum des Restaurants eingenommen.

9

Fotografien aus dem Firmenarchiv

Fotografien aus dem Firmenarchiv

9

An der grossen holzvertäfelten Wand im Restaurant in der Fabrikstrasse 12 →S.98 hängen 211 goldgerahmte historische Schwarz-Weiss-Fotografien. Sie zeigen Szenen aus den Freizeitaktivitäten der CIBA-, Geigy-, Ciba-Geigy- und Sandoz-Mitarbeitenden (wie Fussballspiele oder feierliche Abende) und sind Ausdruck der unternehmensinternen Kontinuität von Geselligkeit. Die Bilder stammen aus dem Firmenarchiv der Novartis AG, das sich im Bau 443 befindet – einem der letzten Gebäude, das noch für die klassische Farbstoffproduktion konzipiert worden war (heute findet hier keine Produktion mehr statt).

Mit dem Zusammenschluss von Ciba-Geigy und Sandoz 1996 wurden deren Archivbestände zusammengelegt, die bis dahin auf den gegenüberliegenden Seiten des Rheins untergebracht waren. Die Firma Geigy hatte ihr Firmenarchiv in den 1950er-Jahren etabliert, CIBA und Sandoz in den frühen 1960er-Jahren. Novartis verfügt damit über eines der grössten und ältesten Unternehmensarchive der Schweiz. In seinen Regalen reihen sich, über mehrere Geschosse verteilt, auf Tausenden von laufenden Regalmetern Dokumente (Geschäftsleitungsprotokolle, Reiseberichte, Organigramme, Laborjournale, Baupläne etc.), aber auch historische Fotos, Filme und Objekte.

7

Fabrikstrasse 14

Fabrikstrasse 14

7

Architektur Rafael Moneo
Bau 2006–2008
Bezug 2009
Nutzung Laborgebäude
Programm Erdgeschoss mit öffentlichem Restaurant; Mezzaningeschoss mit Sitzungszimmern; 4 Obergeschosse mit Laboren und Büros; 2 Untergeschosse

Das herausragende Merkmal dieses vom spanischen Architekten Rafael Moneo entworfenen Laborgebäudes ist sein struktureller Pragmatismus. Durch sein abgesetztes oberes Volumen und dessen Fassadenrhythmus vermittelt das Gebäude architektonisch zwischen den beiden sich stark unterscheidenden Nachbarbauten: dem Laborgebäude Fabrikstrasse 16 von Adolf Krischanitz →S. 122 und der Fabrikstrasse 12 von Vittorio Magnago Lampugnani →S. 98. Die durch den Masterplan vorgegebene Arkade an der Fabrikstrasse ist horizontal durch ein markantes Stahltragwerk geteilt, das die Lasten der Westfassade auffängt.

Die Laborplätze befinden sich jeweils in der Mitte der Geschossflächen. Dabei steht die gemeinsame Nutzung der Arbeitsplätze und -ausrüstungen nach dem Konzept der Collaboration-Workspaces im Vordergrund. Das begünstigt informelle Gespräche unter den Wissenschaftlerinnen und Wissenschaftlern und fördert den Technologieaustausch. Um die Laborplätze herum befinden sich die Büroarbeitsplätze; sie werden über Korridore erschlossen, die entlang der Fassaden verlaufen.

Das als Technikgeschoss ausgebildete Dachgeschoss wird durch zwei 4 Meter hohe Betonstreben gebildet, von denen die Laborgeschosse abgehängt sind. Sie ermöglichen auch die Ausbildung der über 18 Meter frei gespannten Decke im Speisesaal des Restaurants. Das öffentlich zugängliche Selbstbedienungsrestaurant mit rund 300 Sitzplätzen nimmt den überwiegenden Teil des Erdgeschosses ein. Eine grossflächige Wandmalerei von Katharina Grosse →S. 108 prägt dessen rückwärtige Wand; eine weitere farb- und formenstarke abstrakte Wandmalerei schuf sie im Eingangsbereich des Gebäudes.

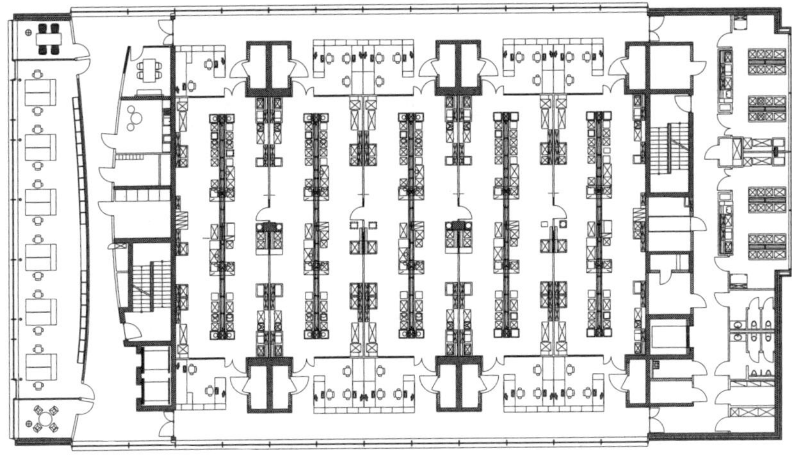

7 Fabrikstrasse 14

In jedem Labor- und Bürogeschoss gibt es eine Teeküche.

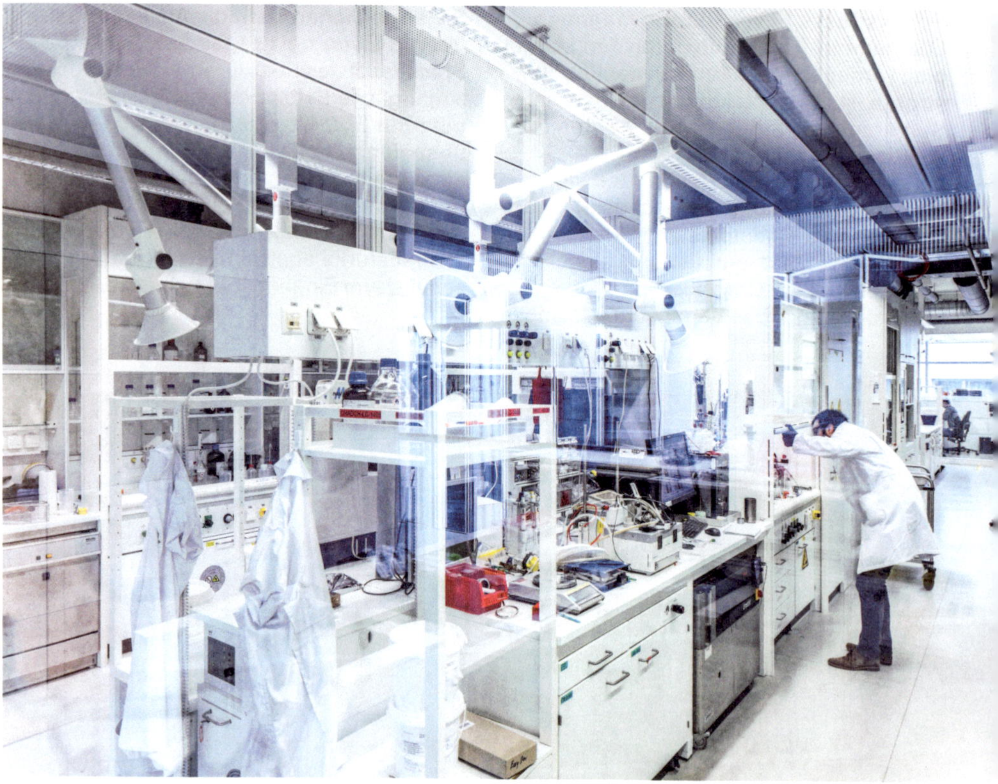

Aus Sicherheitsgründen sind Dokumentations- und Laborbereiche durch Glasscheiben voneinander getrennt. Experimente und Laborinstrumente können beobachtet werden, während administrative Arbeiten ausgeführt werden.

Rafael Moneo entwarf auch die Restauranttische.

Das Restaurant liegt 65 cm unter dem Campus-Strassenniveau, um so eine grosszügigere Nutzung des Mezzanins zu ermöglichen.

Anlieferung und Entsorgung finden über einen an die Untergeschosse angrenzenden Tunnel statt.

Mural

Mural

10

Kunstwerk Katharina Grosse
Entstehung 2008
Installation 2008
Material Acrylfarbe auf Wand
Dimensionen Verschiedene

Für eine künstlerische Intervention in der öffentlich zugänglichen Eingangshalle und im daneben gelegenen Restaurant an der Fabrikstrasse 14 →S.104 fiel die Wahl auf Katharina Grosse. Ihr Kunstwerk musste sich gegenüber der markanten Stahlkonstruktion der Fassade und den voluminösen Formen des gegenüberliegenden Baus von Frank Gehry →S.110 durchsetzen können. Grosse begegnete dieser Herausforderung mit einer Arbeit, die zu einem visuellen Ereignis wurde und deren Farben auch nachts selbstbewusst ins Gelände hinaus leuchten.

Für den Malvorgang deckte die Künstlerin alles ab, was nicht bearbeitet werden sollte; ausgerüstet mit einer Spritzpistole, einem Kompressor und einer Hebebühne arbeitete sie fünf Tage lang vor Ort. Bis zu 20 verschiedene Sprayschichten verlaufen diagonal von rechts oben nach links unten. Ungeachtet der Ecken und Kanten überfluten sie Wand- und Deckenpartien, unterwandern die Ordnungsstruktur und die formale Erscheinung der Architektur. Die Schmalheit der Eingangshalle mit ihrer konkaven Kurve der inneren Glasfassade wird akzentuiert, indem der mittlere Raumteil am dichtesten bemalt ist, während es in den seitlichen Partien zu Auflösungen kommt. Im Restaurant inszeniert die Künstlerin ihre Arbeit hingegen so, als wäre die Farbe durch die Ecken eingedrungen, um dort als riesiger Farbfleck zu verharren.

Fabrikstrasse 15

Fabrikstrasse 15

Architektur Frank Gehry
Bau 2005–2009
Bezug 2009
Nutzung Bürogebäude
Programm Erdgeschoss mit öffentlichem Restaurant und Café; 5 Obergeschosse mit Büros; Mezzanin über den Obergeschossen mit Leseraum; 3 Untergeschosse mit Auditorium

Das von Frank Gehry entworfene Gebäude befindet sich im geografischen Zentrum des Novartis Campus. Städtebaulich und architektonisch bildet es eine bewusst integrierte Ausnahme im Raster des Masterplans: Es überschreitet die maximale Traufhöhe von 25 Meter (das Gebäude ist bis zu 35 Meter hoch) und artikuliert sich frei innerhalb der Baulinien der Parzelle. Doch innerhalb eines geordneten Systems sind es gerade solche (augenzwinkernden) Abweichungen vom Raster, die dessen Qualität hervorheben.

Der von einer Glashaut überzogene Bau besticht durch seine skulpturale Form. Sein Volumen evoziert einen Kristall oder ein Popcorn, wie er umgangssprachlich von den Mitarbeitenden auf dem Campus bezeichnet wird. Doch bei dem repräsentativen Objekt handelt es sich um ein Bürogebäude: Hier befindet sich die Personalabteilung von Novartis. Die statische Aussteifung des fünfflügeligen Baus gegen horizontale Lasten erfolgt durch drei innen liegende Treppenhauskerne und zwei vertikale Stahlverbund-Fachwerkwände sowie durch die massiven Aussenwände des allseitig umschlossenen Kellerkastens.

Ein Atrium durchzieht das Gebäude über alle fünf Obergeschosse. Hier befindet sich auch die zentrale Treppe, die bis zum dritten Obergeschoss führt. Die offenen Arbeitsbereiche sind jeweils rundherum gruppiert. Der Innenraum ist so auf ganzer Höhe lichtdurchflutet, was bis in das zweite Untergeschoss wahrnehmbar ist. In den Untergeschossen südlich des Baus, unter der Parkfläche The Green →S.116, liegt ein Auditorium mit 630 Sitzplätzen. Es kann durch eine bewegliche, schalldämmende Trennwand in zwei gleichzeitig nutzbare Säle unterteilt werden. Im Erdgeschoss befindet sich ein Restaurant mit Café.

8 Fabrikstrasse 15

Die Büroräumlichkeiten sind rund um das mehrgeschossige Atrium angeordnet (Modellfoto).

Im Dachbereich ist die wolkenartige Gebäudehülle auf 1300 m² mit transluzenten Photovoltaikzellen ausgestattet, die in die Glasplatten integriert sind.

Die abgehängte, hinterleuchtete Decke des Auditoriums besteht aus schallreflektierenden Glassegeln.

Die Arbeitsplatzmöblierung wurde von Frank Gehrys Büro in Zusammenarbeit mit Vitra entwickelt, der Hat Trick Chair im Café stammt aus der vom Architekten entworfenen Kollektion für Knoll.

Im Kontrast zur technisch anmutenden Fassade zeichnen sich die Innenbereiche durch wohnliche Materialien aus: Die Böden sind mit Roteiche, Naturstein oder Teppich belegt, die Wände teils holz- oder lederverkleidet.

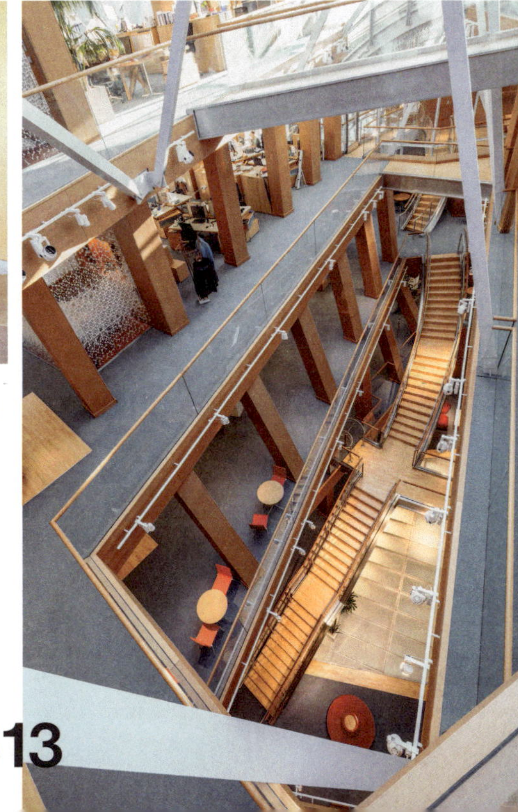

11 *Estela de Gernika III*

Estela de Gernika III

11

Kunstwerk Eduardo Chillida
Entstehung 2000
Installation 2009
Material Cortenstahl
Dimensionen 340×250×110 cm

Die auf der Nordseite von Frank Gehrys Bau →S. 110 installierte Stahlskulptur *Estela de Gernika III* von Eduardo Chillida ist den Opfern des deutschen und italienischen Luftangriffs auf die baskische Stadt Guernica (1937) gewidmet. Die totemistische Stele ist sowohl konzeptionell als auch materiell von zentraler Bedeutung für das Schaffen des Künstlers. ‹Estela› ist ein Titel, den Chillida vielen der 69 von ihm im Laufe seines Lebens geschaffenen stehenden Stahlsäulen gegeben hat.

Die Skulptur aus Cortenstahl besteht aus zwei parallelen Säulen, die sich im oberen Bereich biegen, in geschwungene Ringe verwandeln und sich schliesslich, wie die Windungen eines Bogens oder wie zwei Fingerspitzen, verbinden. Der Ausdruck des Kunstwerks ist von den warmen Erdtönen des Materials geprägt, die von der Oberfläche der imposanten Skulptur abzustrahlen scheinen.

Estela de Gernika III wurde im Jahr 2000 gefertigt. Vor 2018 befand sich die Skulptur direkt auf Günther Vogts The Green →S. 116. Eine erste und zweite Fassung sind bereits 1987 entstanden: Sie befinden sich im Park der Europäischen Völker in Guernica und im Park Doña Casilda Iturrizar in Bilbao.

The Green

Landschaftsarchitektur Günther Vogt
Umsetzung 2006–2010
Fertigstellung 2010

Zwischen dem eigensinnigen Gebäude von Frank Gehry →S. 110 und dem modern-nüchternen Verwaltungsbau Forum 1 (1939) öffnet sich The Green, das vom Landschaftsarchitekten Günther Vogt entworfene Hybrid aus Platz und Park. Von repräsentativen Gebäuden umgeben, erzeugt The Green keine Störung der Blickbeziehungen. Dies ist unter anderem durch die unterirdisch befindlichen Säle und das Auditorium bedingt, die nur einen maximalen Bodenaufbau von 70 Zentimetern erlauben und somit grössere Bäume oder Geländemodellierungen ausschliessen.

The Green evoziert Bedingungen, die an den alpinen Karst erinnern, eine besondere Naturlandschaft, die dort entstand, wo Kalkstein lange Zeit Gletschern, Wetter und Wasser ausgesetzt war. Es sind raue Landschaften, die an sich flach, unter der Oberfläche jedoch von Höhlen und Löchern durchsetzt sind. Die Rasenfläche von The Green ist entsprechend minimalistisch mit verschiedenen Gräsern, Farnen, Sträuchern und Bäumen bepflanzt und unregelmässig von Kalksteinen durchsetzt.

Die Wahrnehmung der bühnenbildartigen Anlage wurde zeitweilig von einer Klanginstallation von Laurie Anderson überlagert und somit verstärkt. Andersons siebenteilige *Sound Sculpture*, die in Zusammenarbeit mit Bruce Odland und Werner W. Lorke entstand, verstand sich als Klanggarten. Mit einer Reihe von versteckten Lautsprechern und Vibrationsinstallationen fand das ganze Jahr über ein auf die jeweilige Jahreszeit angepasstes nicht musikalisches ‹Umweltkonzert› statt. Musik, Technik und Natur verschmolzen dabei zu einer unsichtbaren Performance.

Die zentrale Rasenfläche von The Green ist von einer Fläche aus grossformatigen Kalksteinplatten umgeben, deren ‹Finger› in den Rasen ausgreifen.

Die Silberen im Kanton Schwyz, das grösste Karstfeld der Schweiz, war Inspiration für die Abstraktion und Adaption dieses Landschaftstypus.

Der umliegende Platz ist mit hohen Eschen bepflanzt – sie sind im Karst heimisch, dort aber eher kleinwüchsig.

Wonderwall

Wonderwall

12

Kunstwerk Alan Fletcher
Entstehung 2005
Installation 2008 am aktuellen Standort
Material Stahl
Dimensionen 5 Platten, je 210×260×1,6 cm, bzw. 230×1380×20 cm (Gesamtinstallation)

Westlich von Günther Vogts The Green →S.116 befindet sich an der Ecke Hüninger- und Kraftstrasse ein Nebenein- und -ausgang des Geländes. Hier gehen der Novartis Campus und die benachbarten Wohnhäuser direkt ineinander über. Ein Abschnitt des hier angebrachten Zauns besteht aus fünf jeweils andersfarbigen Stahlplatten, die der britische Grafikdesigner und Typograf Alan Fletcher konzipiert hat. Für die kunstvollen und lyrischen Motive der Serie beauftragte er den britischen Illustrator Andrew Davidson mit der Gestaltung von über tausend Zeichnungen, die von viktorianischen Motivbüchern inspiriert sind.

Die Zeichnungen wurden anschliessend aus den 10 Millimeter dicken und 2,60 Meter breiten Stahlblechen ausgeschnitten. Aus der Ferne sehen sie abstrakt aus, schaut man sich die Tafeln jedoch genau an, erkennt man etwa einen galoppierenden Cowboy mit einem Pfeil im Hut, der auf eine Hexe auf einem Besenstiel zielt, wobei beide von der Silhouette eines grossen Hammers überragt werden. Szenen wie diese fügen sich auf den Tafeln der *Wonderwall* zu einem neuen Narrativ zusammen und verleihen der trennenden Funktion des Zauns neue Botschaften.

Auch am Main Gate →S.76 befindet sich ein Zaun von Alan Fletcher, das aus hohen, schmalen Metallschienen bestehende *Lettergate*.

Fabrikstrasse 16

Fabrikstrasse 16

Architektur Adolf Krischanitz
Bau 2005–2008
Bezug 2008
Nutzung Laborgebäude
Programm Erdgeschoss mit Auditorium, Sitzungsräumen und Bankfiliale, partiell 1- bzw. 2-geschossig; 4 bzw. 5 Obergeschosse mit Laboren; 2 Untergeschosse

Die Fabrikstrasse 16 des österreichischen Architekten Adolf Krischanitz (Krischanitz & Frank Architekten) war das erste neu errichtete Laborgebäude auf dem Campus. Der Bau markiert einen wichtigen Schritt in der Entwicklung kollaborativer Laborumgebungen: Die Forscherinnen und Forscher arbeiten hier nicht mehr grundsätzlich in Einzellaboren, sondern folgen dem Konzept der aktiv gelebten Kollaboration, das heisst der gemeinsamen Nutzung von Laboreinrichtungen für Forschende mit unterschiedlichen Aufgaben.

Innen sind alle Räume um das langgezogene Atrium gruppiert, das sich vom Erdgeschoss aus über alle Obergeschosse bis zu einem Oberlicht im Dach erstreckt. Transparenz und Zusammenarbeit werden als grundlegende Ideen bereits im Erdgeschoss, wo Sitzungen, Empfänge und Konferenzen abgehalten werden, eingeführt. Die räumliche Trennung der verschiedenen Funktionsflächen wird auch in den Forschungslaboren und den dazugehörigen Büros für rund 180 Personen durch den grosszügigen Einsatz von Glas visuell aufgehoben.

Wohl auch dank dieser architektonischen Gestaltung wurden in der Fabrikstrasse 16 in jüngster Vergangenheit zahlreiche funktionsübergreifende Forschungsprojekte verortet. Eines davon verfolgt eine Medikamentenentwicklung im Miniaturformat: Statt chemische Prozesse durch grosse Mengen von Wirkstoffen zu bewirken, will man hier mit nur einigen wenigen Tröpfchen auskommen. Beim Entwickeln neuer Therapien spielen Einsparungen von Kosten, Ressourcen und nicht zuletzt auch Zeit eine wesentliche Rolle.

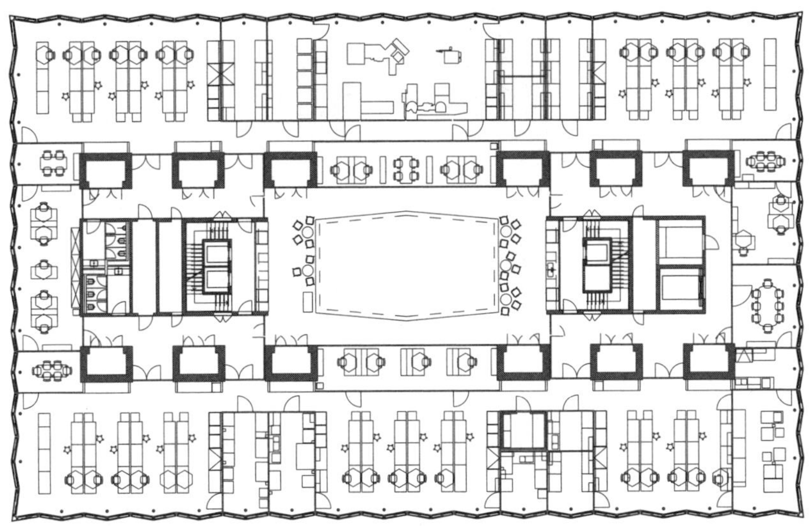

9

Fabrikstrasse 16

Der Terrazzo-Bodenbelag der oberen Etagen nimmt das Muster des Teppichs im Erdgeschoss wieder auf.

Die Farbigkeit und das Molekül-Muster des 180 m² grossen Velourteppichs, den der Künstler Gilbert Bretterbauer gestaltet hat, prägen das Atrium.

Fabrikstrasse 16

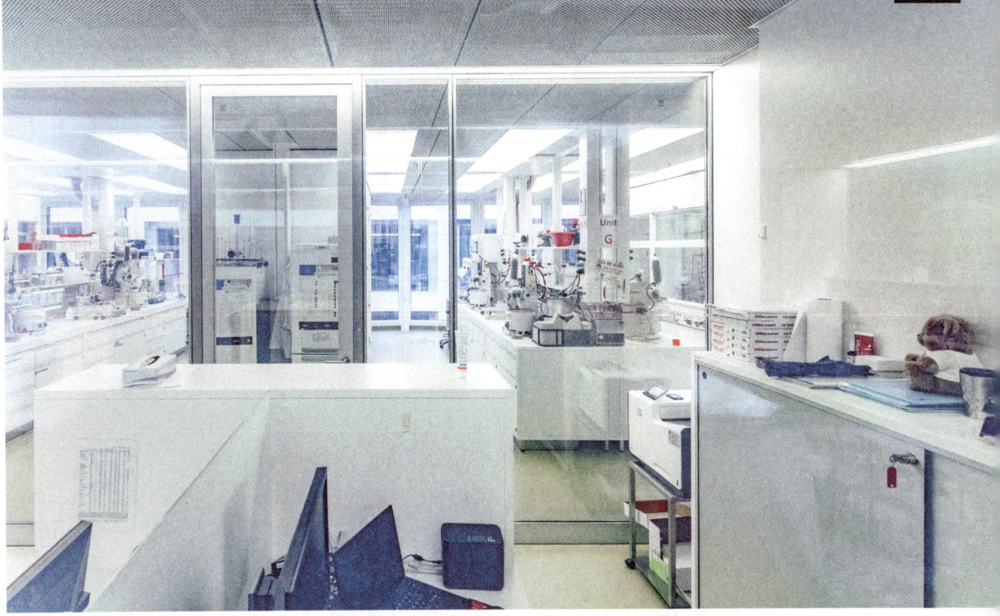

9

Die Laboreinrichtungen in den Obergeschossen werden von Forscherinnen und Forschern mit unterschiedlichen Aufgaben als Collaboration-Workspaces genutzt.

Für massive Elemente und furnierte Oberflächen wurde einheitlich Hainbuchenholz verwendet.

Im Erdgeschoss befindet sich unter anderem eine Bankfiliale.

Pyritsonnen

Pyritsonnen

13

Kunstwerk Sigmar Polke
Entstehung 2008
Installation 2008
Material 365 Pyritsonnen in Messingfassungen
Dimensionen 83,5×667 cm

Im Eingangsbereich der Fabrikstrasse 16 →S.122 steht ein Werk von Sigmar Polke: ein schwarzer, über 6 Meter langer, durchgehender Fries, bestückt mit einer Komposition aus 365 Pyritsonnen. Nie zuvor ist dieses Naturmaterial in der Kunstgeschichte verwendet worden – Polke hatte es bei Mineralienhändlern entdeckt. Die flachen Scheiben sind diskret in Messing gefasst und scheinen vor dem mattschwarzen Hintergrund zu schweben. Die meisten der verwendeten Exemplare stammen aus einer Kohlemine in Sparta im Süden des US-Bundesstaates Illinois.

Pyritsonnen werden aus tiefen, ca. 350 Millionen Jahre alten Sedimentschichten freigelegt. In einem langen Kristallisationsprozess unter Druck entstanden ihre radialstrahligen Muster. Die Pyritsonnen enthüllen ihr changierendes Spiel des Schimmerns und Aufleuchtens nur, wenn man sich vor ihnen hin und her bewegt, um sie auch seitlich und im Streiflicht zu betrachten. Das Werk wurde 2023 aufwendig restauriert.

10 Fabrikstrasse 22

Fabrikstrasse 22

10

Architektur David Chipperfield
Bau 2007–2010
Bezug 2010
Nutzung Laborgebäude
Programm 4 Obergeschosse, davon 3 mit Laboren sowie 1 offenes Geschoss mit Büros, Dachgarten; 2 Untergeschosse

David Chipperfields streng geometrisches Gebäude ist entlang des gesamten Perimeters von einer dichten Pfeilerreihe flankiert. Der britische Architekt schuf eine Architektur, an deren Fassade aus fast weissem Eisenbeton die vertikalen Linien der Pfeiler und die horizontalen der Decken unmittelbar ablesbar sind.

An dieser zentralen städtebaulichen Position hat der Architekt mit seinem Bauwerk ein bedeutendes Projekt des Unternehmens umgesetzt: das sogenannte Lab of the Future, in dem sich Forschungsprojekte in einer neuartigen Arbeitsumgebung schneller und effizienter umsetzen lassen. Die stützenlosen Grundrisse sind flexibel nutzbar und gestaltbar, die verschiedenen Bereiche gehen nahtlos ineinander über. Es entsteht eine für die jeweiligen Ansprüche der einzelnen Forschungsprojekte präzise und doch anpassungsfähige Laborlandschaft.

Als konsequente Weiterentwicklung der Idee, die dem Gebäude von Adolf Krischanitz →S. 122 zugrunde liegt, werden hier die Laborbereiche auch nicht von Glaswänden getrennt. Das Erdgeschoss bietet mit einer Raumhöhe von 6 Meter Platz für ein Restaurant und eine Cafeteria. Der Dachgarten in der obersten Etage besteht aus einer grossen, im Zentrum positionierten Betonwanne. In dieser wachsen inmitten von rund 50 Tonnen klarer grüner Glaskugeln japanische Zelkoven-Bäume: die Installation *Molecular (Basel)* des Künstlers Serge Spitzer.

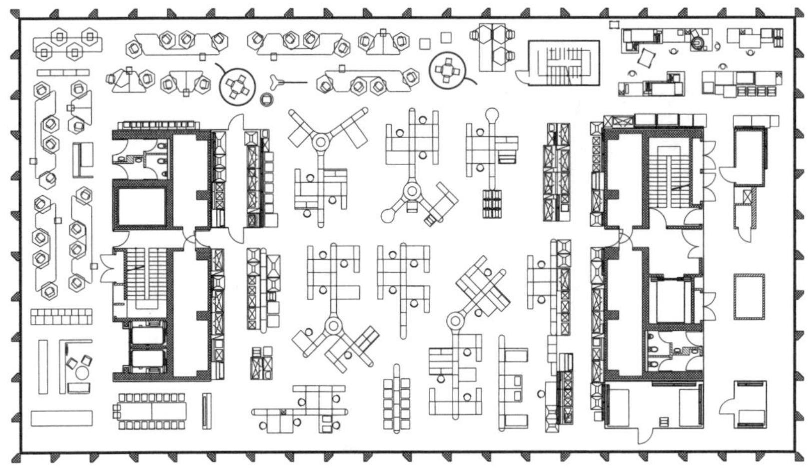

10 Fabrikstrasse 22

Die Installation von Serge Spitzer besteht aus 760 000 Glasmurmeln und ist als ‹virale› Skulptur angelegt, die sich zufällig oder durch äussere Einflüsse verändern kann.

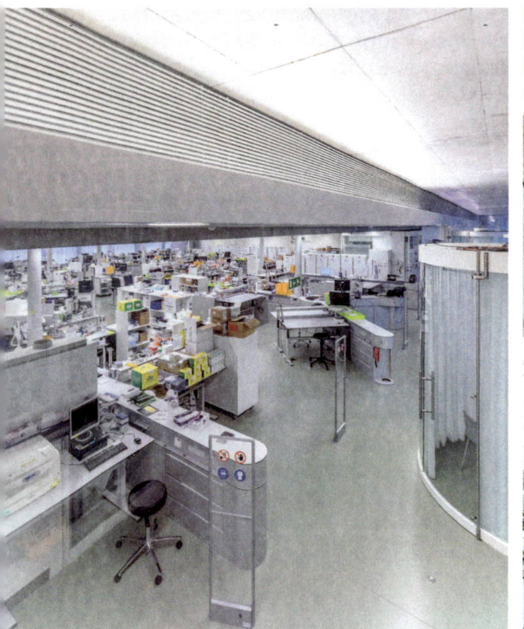

Im Bau sind interdisziplinäre Forschungsteams untergebracht: Chemikerinnen und Biologen arbeiten auf ein und derselben Etage zusammen.

Im Gebäudeeingang befindet sich die Fotografie *Lab* des deutschen Künstlers Menno Aden. Sie zeigt das dynamische und offene Laborkonzept in diesem Gebäude.

Fabrikstrasse 22

10

Die Labore, Büros und der Dachgarten werden durch eine zusätzliche Treppe des Künstlers Ross Lovegrove, die an eine Wirbelsäule erinnert, miteinander verbunden.

Als einziges neues Gebäude in der Fabrikstrasse verläuft dessen Kolonnade nicht nur entlang der Frontseite, sondern auch auf der linken Seite des Gebäudes.

Einsteinbrunnen

Einsteinbrunnen

14

Kunstwerk Alan Fletcher
Entstehung 2005
Installation 2005
Material Kalkstein
Dimensionen 100×Ø75 cm

Öffentliche Brunnen prägen die Schweizer Städte und Gemeinden und sind gerade in Basel im Stadtbild sehr präsent. Alan Fletcher schlug 2005 vor, diese Tradition auf dem Campus sowie in dessen unmittelbarer Umgebung auf besondere Weise fortzusetzen: Zehn Brunnen sollten jeweils mit der Silhouette einer Person versehen werden, die in der Schweizer Kulturgeschichte eine bedeutende Rolle gespielt hat. Die Brunnen sollten dort platziert werden, wo die Menschen an warmen Tagen im Freien sind und Durst haben.

Alan Fletcher verstarb 2006; aus diesem Grund konnte nur ein Brunnen realisiert werden. So steht vis-à-vis des von David Chipperfield entworfenen Laborgebäudes Fabrikstrasse 22 →S.128 ein Albert Einstein gewidmeter Brunnen. In dem aus Laufener Sandstein gefertigten Brunnen wird die Gesichtskontur des schweizerisch-US-amerikanischen Physikers sichtbar. Dazu wurde ein Schattenriss verwendet, dessen Negativform 360 Grad um die Z-Achse rotiert wurde. So entstand ein dreidimensionales Volumen, das auch als Hybrid aus einer Skulptur und einem Brunnen verstanden werden kann.

Von den anderen Brunnen, die Alan Fletcher errichten wollte, gibt es Entwürfe der Silhouetten, etwa von Carl Gustav Jung und Le Corbusier.

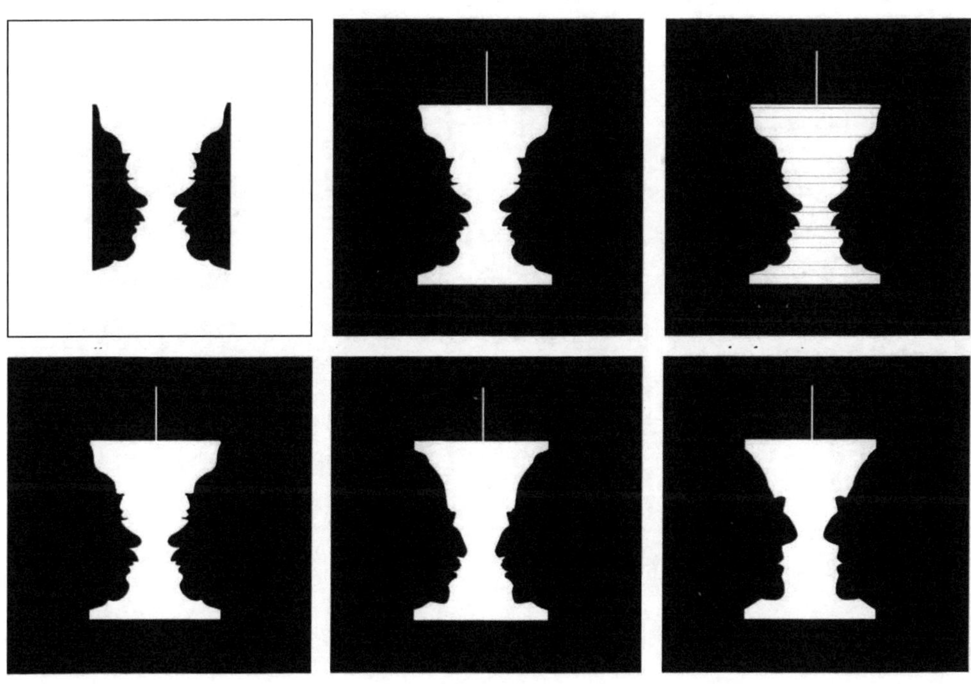

11 Fabrikstrasse 28

Fabrikstrasse 28

11

Architektur Tadao Ando
Bau 2006–2009
Bezug 2010
Nutzung Laborgebäude
Programm Erdgeschoss mit 2 Sitzungsräumen; 7 Obergeschosse; 2 Untergeschosse; 1 zusätzliche Absenkung für die Haustechnik

Das Laborgebäude des japanischen Architekten Tadao Ando liegt am Nordende der Fabrikstrasse, unmittelbar an der französischen Grenze. Ando setzte die Herausforderung einer dreieckigen Grundstücksfläche meisterhaft um, indem er die Form des Baus von dieser ableitete. Der Bau bricht zudem mit seiner Höhe von 38 Meter aus der generellen Vorgabe des Masterplans für neue Gebäude aus. Ando entschied sich auch hier für sein bevorzugtes Baumaterial, den Sichtbeton. Wie der Architekt ausführte, wollte er mit seinem Entwurf «die einzigartige Klarheit und Perfektion der Schweiz mit der Feinheit und Geschicklichkeit Japans verbinden» (‹Novartis Campus – Fabrikstrasse 28›, S. 10).

Von den sieben Obergeschossen wird das erste als reine Bürofläche genutzt, während die anderen sechs für Laborzwecke dienen. In diesem Gebäude ist beispielsweise die Abteilung für Pathologieforschung untergebracht, die unter anderem an einem der grössten medizinischen Digitalisierungsprojekte in Europa arbeitet.

Der Bau erfüllt die hohen Anforderungen eines niedrigen Energieverbrauchs etwa durch die doppelschichtige Fassade an der Westseite. In der Spitze des Gebäudes befinden sich drei offene Räume, die sich vertikal über zwei und sogar drei Geschosse ziehen. Im ersten Stock dient der Bereich als Café-Zone für die Mitarbeitenden. Der ghanaische Künstler El Anatsui hat für die linke Wand der Eingangshalle einen aus Flaschenkapseln gewobenen grossformatigen Wandteppich geschaffen → S. 138.

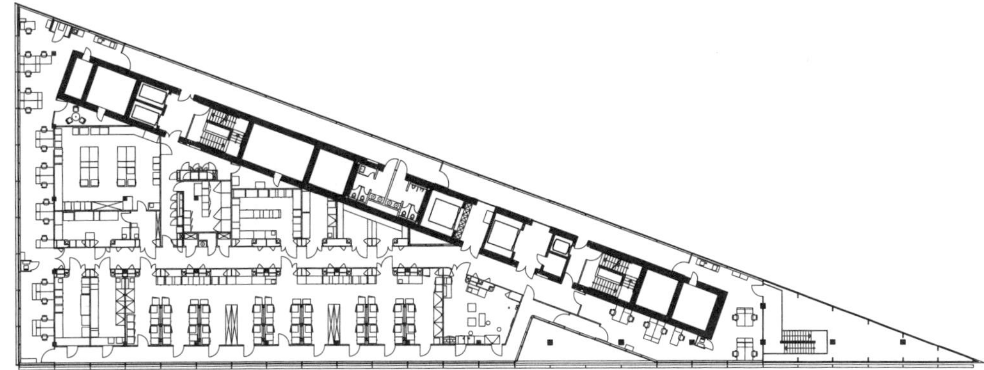

11 Fabrikstrasse 28

Durch das Herausschneiden von dreieckigen Leerräumen, etwa für Innenhöfe, Terrasse, Atrium oder die Eingangshalle, entstehen gut nutzbare rechteckige Innenräume.

Gestalterisch prägend sind die 70 m langen Erschliessungselemente aus Sichtbeton, die sich entlang der Nordfassade ziehen.

Fabrikstrasse 28

Die Dachterrasse des Gebäudes wurde mit ganzjährig blühenden Pflanzen bestückt.

Die längeren Seiten des Dreieckbaus treffen in einem spitzen Winkel von nur 20 Grad aufeinander.

Tismemskiblo

Tismemskiblo

15

Kunstwerk El Anatsui
Entstehung 2010–2011
Installation 2011
Material Aluminium, Stahlblätter und Kupferdraht
Dimensionen 8,40×15 m

Für die Gestaltung der sich zu einer spitzen Ecke verjüngenden Eingangshalle von Tadao Andos Laborgebäude →S. 134 fiel die Wahl auf den Bildhauer El Anatsui, der vor allem für seine monumentalen Wandbehänge aus gefundenen Objekten wie Flaschenverschlüssen und anderen Wegwerfmaterialien, die er mit Kupferdraht verband, bekannt wurde. Für den heute in Nigeria lebenden Künstler bildet das Zusammenspiel von Material und dessen Bedeutung eine starke visuelle Metapher für die soziale und wirtschaftliche Geschichte seines Geburtslands Ghana sowie von ganz Westafrika. Der Künstler gestaltete die Assemblage des in Basel in zahlreichen Einzelteilen angelieferten Werkes bis zum Abschluss der Hängung vor Ort.

Die physisch imposante Wandskulptur in dem herausfordernden Raum zieht die Betrachtenden in ein reiches Gitterwerk aus schimmernden Metallen, aus dem verschlungene Muster auftauchen. Jede formale Entscheidung ist hier wohlüberlegt, führt aber zu einem Werk, das paradoxerweise fast improvisiert wirkt. Der Titel *Tismemskiblo* ist ein Akronym der englischen Worte Tissue, Membrane, Skin, Blood. Mit diesen Stoffen beschäftigte sich der Künstler im Makro- wie im Mikrobereich, als er den Auftrag für Novartis ausführte.

12

Banting 1

Banting 1

12

Architektur Burckhardt Architekten (WSJ-88), Wilhelm und Hovenbitzer (Banting 1)
Bau 1967–1970 (Originalbau), 2020–2022 (Umbau)
Bezug 1971 (WSJ-88), 2022 (Banting 1)
Nutzung Laborgebäude
Programm Erdgeschoss; 10 Obergeschosse; 1 Dachgeschoss mit Gebäudeinfrastruktur; 1 Untergeschoss

Bis zum Bezug des Gebäudes Banting 1 im Jahr 2022 war das Gros der chemischen Forschung von Novartis auf dem Klybeckareal auf der gegenüberliegenden Seite des Rheins konzentriert. Die heutige Medizinalchemie ist nun hauptsächlich in einem Laborhochhaus untergebracht, das als WSJ-88 in den 1970er-Jahren in Betrieb genommen wurde. Dieser sich an der Ecke Banting- und Fabrikstrasse befindende 60 Meter hohe Bau wurde ab 2020 vollumfänglich saniert, renoviert und den Bedürfnissen der rund 250 hier arbeitenden Forscherinnen und Forscher entsprechend modernisiert.

Das Architekturbüro Wilhelm und Hovenbitzer war für die Planung und die Umsetzung des Umbaus verantwortlich. Nach der Entkernung entstanden so moderne Labor- und Office-Bereiche. Im Banting 1 werden verschiedene wissenschaftliche Forschungstätigkeiten der Global Discovery Chemistry durchgeführt. Diese Gruppe ist Teil des Novartis Biomedical Research und ist entscheidend an Konzeption, Synthese, Optimierung und Charakterisierung neuer Wirkstoffe für Arzneimittel beteiligt.

Die Obergeschosse eins bis neun sind reine Forschungsetagen mit offenen, jedoch voneinander getrennten Labor- und Bürobereichen. Das zehnte Obergeschoss ist eine Bürozone, die nach dem Modell des Activity-Based Working gestaltet ist. Die sanierte Fassade – ursprünglich eine Sandwich-Konstruktion mit weissen Asbestzement-Platten – erzielt ein hohes Energiesparpotenzial und zeigt sich der Stadt Basel auf der gesamten Höhe der Westseite mit einem Kunstwerk von Claudia Comte →S. 144.

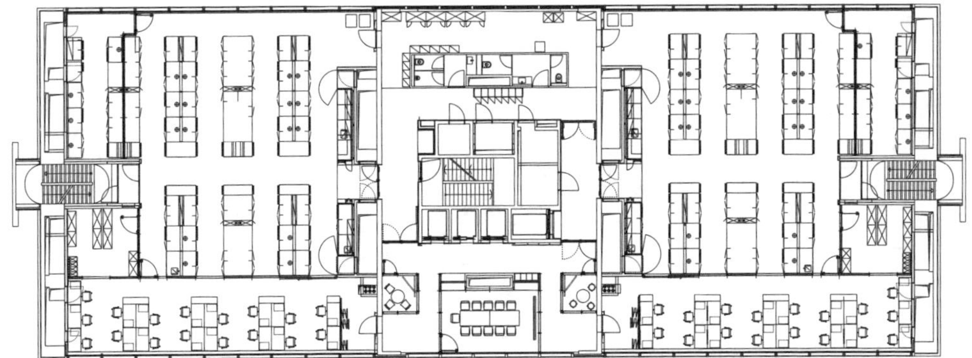

Banting 1

Das Logo von Novartis befindet sich auf dem repräsentativen, bereits vom Voltaplatz aus gut sichtbaren Forschungsgebäude und macht dieses damit zum vertraut-neuen Wahrzeichen des Novartis Campus.

Im Erdgeschoss sowie in einem Teilbereich des 1. Obergeschosses gibt es eine hochmoderne Pilotanlage, die die Produktion verschiedener Moleküle (Naturstoffe, Oligopeptide, Enzyme, Polysaccharide etc.) in grösserem Massstab ermöglicht.

Der 1970 fertiggestellte Bau WSJ-88 war als Laborgebäude des Farbendepartements bestimmt (Foto 1969).

Banting 1

12

Das oberste Geschoss dient ausschliesslich als Technikzentrale für Lüftung und Kälte.

Im Eingangsbereich befindet sich *Upright Motive No. 9* (1979), eine über 3 m hohe Skulptur von Henry Moore.

Das Gebäude und die gleichnamige Strasse sind nach dem kanadischen Forscher Frederick Banting, dem Entdecker des Insulins, benannt.

Structure of Life

Structure of Life

16

Kunstwerk Claudia Comte
Entstehung 2021
Installation 2021
Material Acrylfarbe auf Wand
Dimensionen 56,7×21m

An der zur Fabrikstrasse gelegenen Westfassade des Forschungsgebäudes Banting 1 →S.140 befindet sich ein Werk der Schweizer Künstlerin Claudia Comte. Die fast 1200 Quadratmeter grosse Wandmalerei besteht aus drei Flächen mit einem vertikal ausgerichteten wellenartigen Linienmuster. Die mittlere der Flächen steht dabei hervor und verleiht der Arbeit eine zusätzliche plastische Dimension. Je nach Blickpunkt verzerrt oder verdeckt dieses in den Raum ausgreifende Element teilweise die Gesamtkomposition und erweitert so die Möglichkeiten, das Bild zu interpretieren.

Die Muster, die Comte kreiert, werden digital erzeugt, haben ihren Ursprung aber in der Natur. So erinnert das Wandbild an Wellen oder Sonarfrequenzen, wie sie beim Gesang von Walen entstehen. Die Meeressäuger haben auch Richard Serra zu seiner Skulpturengruppe *Dirk's Pod* →S.52 inspiriert, die sich am Ende der Fabrikstrasse befindet.

Der Titel des Werks, *Structure of Life*, verweist auf das Muster einer Helix und die Molekulargeometrie im weiteren Sinne. Betrachtet man die Wandmalerei von der Seite aus, verdeckt das zentrale Volumen einen Teil des Motivs, sodass die Illusion entsteht, die gekrümmten Linien würden sich tatsächlich wie eine Doppelhelix kreuzen.

Verdichtung

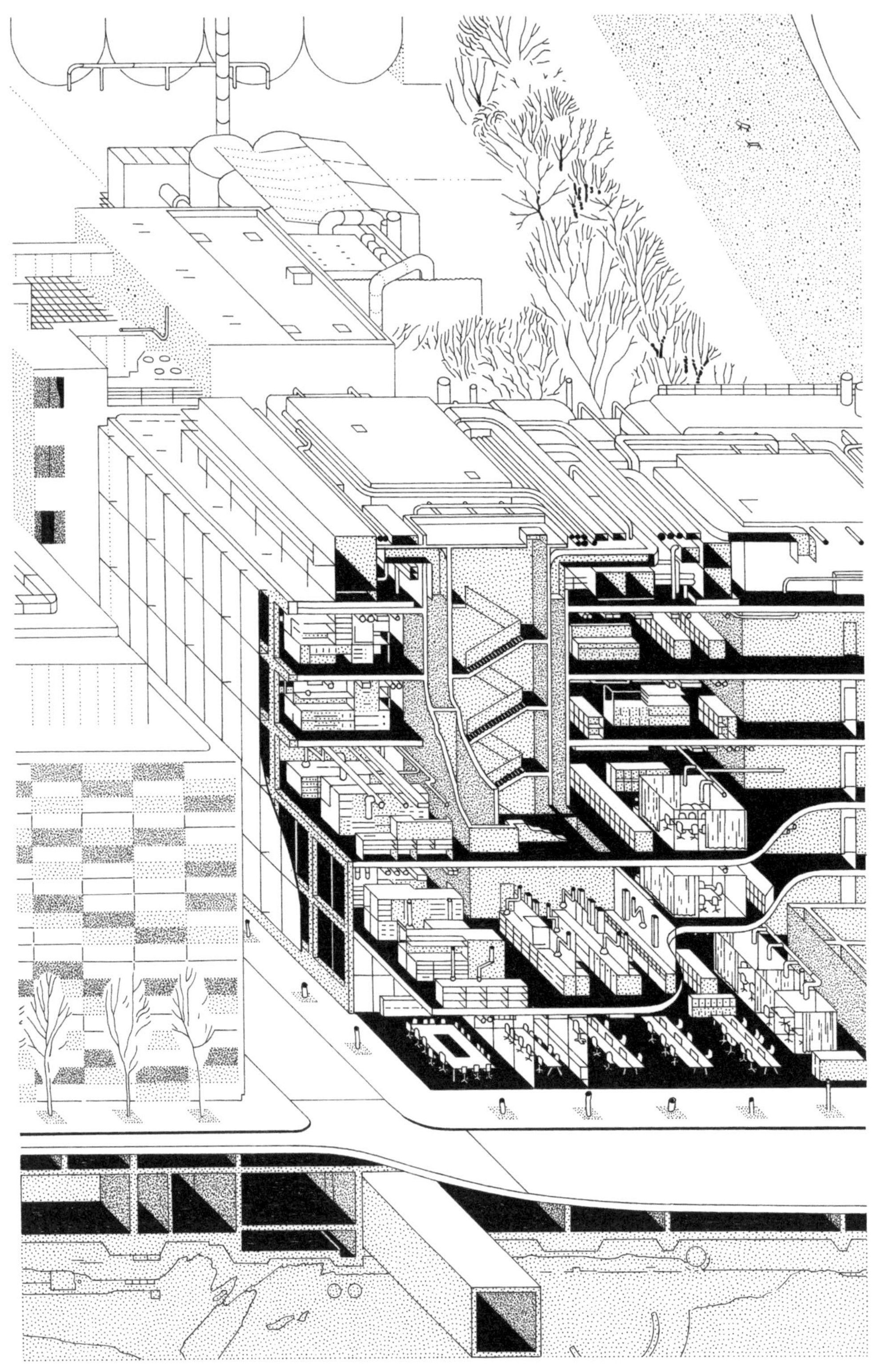

Die zahlreichen von internationalen Stararchitekten neu entworfenen Gebäude auf dem Novartis Campus ziehen auch wegen ihrer Urheber grosses Interesse auf sich. Doch es sind keine ikonischen Hüllen, die lediglich Repräsentationszwecken dienen und im Inneren Standard-Bürolösungen aufweisen. Die Hälfte der Neubauten sind Forschungs- und Laborgebäude. In ihnen setzt Novartis die Entwicklung von Medikamenten auf der Höhe der Zeit fort, so wie sie vor mehr als hundert Jahren am Standort St. Johann begann.

Neben dem Ausbau der Fabrikstrasse in den 2000er-Jahren wurde auch der östlich von ihr gelegene Bereich in Richtung Rheinufer arrondiert. Vorhandene Flächen wurden an den städtebaulichen Raster angepasst und neue nutzungsneutrale Freiräume definiert. Durch diese Verdichtung konnten neue Laborgebäude errichtet und bestehende transformiert werden. In ihnen ist ein beachtlicher Teil der rund 2400 Wissenschaftlerinnen und Wissenschaftler, die auf dem Campus arbeiten und sich der Forschung widmen, tätig; weitere 3000 Menschen arbeiten weltweit für Novartis in der Arzneimittelentwicklung.

Neben klassischen Forschungsbereichen hat Novartis auch neue Technologieplattformen aufgebaut. Dazu gehören Bereiche der Nuklearmedizin, der Gen- und Zelltherapie sowie der Entwicklung von RNA-basierten Therapien. Was für die Bauten der Fabrikstrasse gilt, wurde auch bei der Planung der Büro- und Forschungsgebäude, die ab 2009 in diesem Gebiet fertiggestellt wurden, zum Massstab genommen. Es wird konsequent nach idealen Lösungen gesucht, die auch eine künftige Anpassung der kommunikations- und kollaborationsfördernden Räumlichkeiten an neue Forschungsfelder nicht durch starre architektonische Gestaltung beeinträchtigen.

Square 3

Square 3

13

Architektur Fumihiko Maki
Bau 2007–2009
Bezug 2009
Nutzung Bürogebäude
Programm Erdgeschoss mit Sitzungszimmer; 4 Obergeschosse mit Büros; 2 Untergeschosse

Das vom japanischen Architekten Fumihiko Maki entworfene Gebäude Square 3 befindet sich in zweiter Reihe entlang des Rheins. Die Grundstücksgrösse des Baus entspricht derjenigen der Gebäude von Adolf Krischanitz →S. 122, Rafael Moneo →S. 104 oder Yoshio Taniguchi →S. 92 an der Fabrikstrasse. Metall, Glas, aber vor allem Licht sind die Elemente, die seinen Entwurf bestimmen.

Die Geschosse sind als kontinuierliche Räume entwickelt, die an den Schmalseiten in jeweils versetzt angeordnete doppelgeschossige Atrien führen. An den oberen Geschossen der Atrien befinden sich Aussenterrassen für die Nutzerinnen und Nutzer. Sie können etwa für kleinere Meetings oder die Arbeit mit dem Laptop genutzt werden. Die Obergeschosse des Gebäudes sind durch spiralförmige offene Treppen miteinander verbunden. Diese wachsen in den luftigen Eckräumen in die doppelte Geschosshöhe von 8 Meter und führen zu den Veranden.

Die Stirnwände dieser Räume wurden als passende Orte für die Kunst erkannt. Bereits während der Bauzeit von Square 3 wurden Silvia Bächli mit der Erstellung von Zeichnungen und Lutz & Guggisberg mit einem sich aus der Wand wölbenden Relief beauftragt. Nördlich des Gebäudes schliesst die Grünanlage The Square →S. 174 an. Der Novartis Campus ist ein Firmengelände, auf dem Forschung und Entwicklung stattfinden. Dies bedingt, dass Teilbereiche der kantonalen Störfallverordnung unterliegen und für die Öffentlichkeit nicht zugänglich sind. Aus diesem Grund sind die an das Square 3 angrenzenden Gebäude umzäunt.

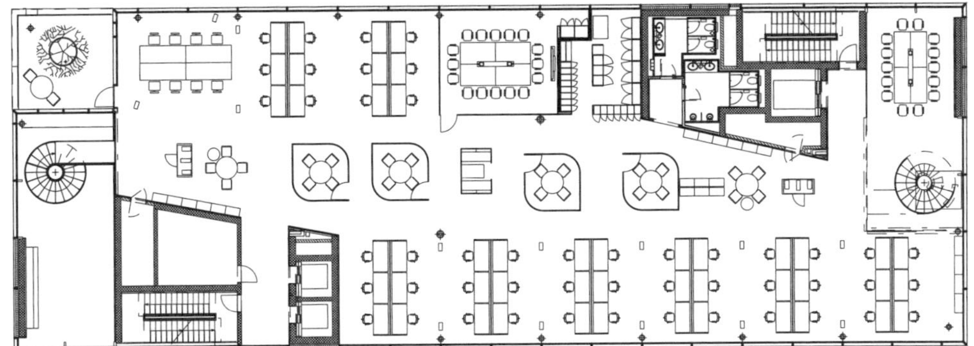

Square 3

Andres Lutz und Anders Guggisberg (Lutz & Guggisberg) haben für eine Stirnwand im 3. Obergeschoss ein sich aus der Wand wölbendes Relief geschaffen.

Eine achtteilige Arbeit von Silvia Bächli führt abstrakte und naturbezogene Zeichnungen in unterschiedlichen Formaten zusammen.

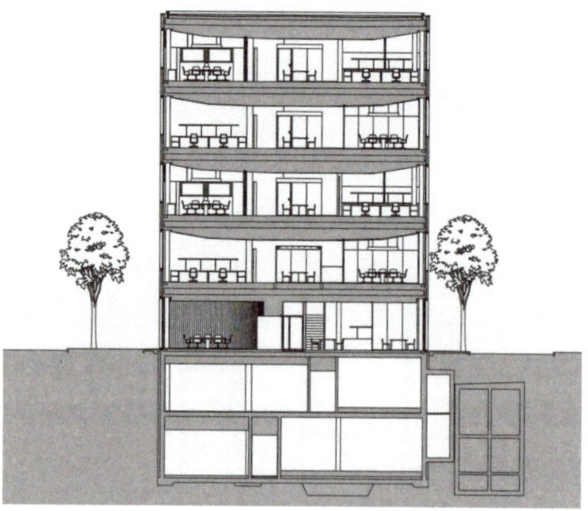

An den Decken der Regelgeschosse wurden Aluminiumpaneele angebracht, die ausgehend von der Büromitte in Richtung Fassade bis zu ihrer maximalen Höhe ansteigen (Schnitt).

Square 3

13

Die Künstlerin Corinne Wasmuht hat 2011 in situ eine über 5 m hohe Wandmalerei geschaffen.

Die Innenräume sind in einen Bereich mit warmen und einen mit kalten Farben unterteilt.

14

Virchow 6

Virchow 6

Architektur Álvaro Siza
Bau 2008–2010
Bezug 2011
Nutzung Laborgebäude
Programm Erdgeschoss mit 2 Sitzungszimmern, Cafézone für die Mitarbeitenden; 4 Obergeschosse mit Büro- und Laborplätzen; Dachgeschoss mit Technikzentrale; 2 Untergeschosse

Virchow 6 entwarf der portugiesische Architekt Álvaro Siza. Das Laborgebäude liegt an der vordersten Gebäudereihe des Novartis Campus direkt am Rhein und gegenüber von der Rhine Terrace →S.194. Es ist als fünfgeschossiger Beton-Skelettbau mit einer doppelten Fassade konzipiert. Statisch kommt hier eine seltene Lösung zum Tragen: Die äussere Glasfassade ist von der Gebäudestruktur abgehängt. Die Stützenverkleidung der inneren Fassade ist aus beige-weissem Estremoz-Marmor erstellt worden.

Im Erdgeschoss befinden sich zwei grosse Sitzungszimmer, eine Cafézone, Büroarbeitsplätze sowie auf der Nord- und Ostseite offene Labore. Im ersten bis dritten Obergeschoss sind an den Stirnseiten des Gebäudes (Ost und West) jeweils offene Labore angeordnet, im Bereich dazwischen befinden sich die Büroarbeitsplätze, im vierten Obergeschoss auf der Ostseite noch einmal Labore. Die zurückgesetzte Technikzentrale auf dem Dach bildet den oberen Abschluss.

Im Virchow 6, wie auch im benachbarten Physic Garden 3 →S.158, wurde das heute in fast allen Gebäuden des Campus praktizierte Bürokonzept des Activity-Based Working zum ersten Mal eingeführt. Das heisst, die Mitarbeitenden haben keinen festen Arbeitsplatz mehr, sondern sie teilen sich die Arbeitsräume und platzieren sich entsprechend ihrer Projektbedürfnisse. Als Besprechungs- und Rückzugsmöglichkeiten stehen auf jedem Geschoss zwei Einzelräume und ein Besprechungsraum zur Verfügung.

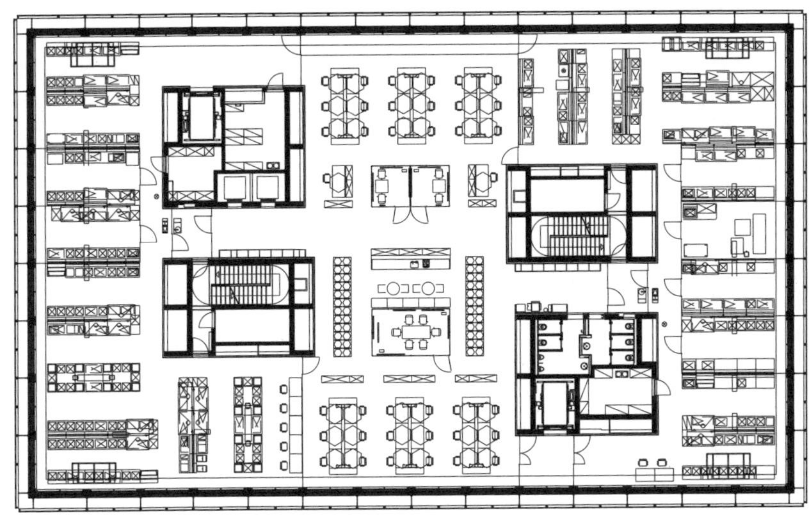

14 Virchow 6

Monochrome Materialien in warmen Farben, wie der beigefarbene Kautschukboden, der in sämtlichen Büro- und Laborbereichen liegt, prägen den Innenraum.

Die durchgängige Struktur der Fassade wird an der nordwestlichen Ecke aufgelöst, um den Hauptzugang zum Physic Garden →S. 162 zu öffnen (Skizze Álvaro Siza).

Virchow 6

Virchow 6 und das von Eduardo Souto de Moura entworfene Gebäude Physic Garden 3 →S.158 sind unterirdisch miteinander verbunden.

Die horizontale Medienverteilung auf den Geschossen erfolgt über offene Leitungen unter der Rohdecke.

Unmittelbar nördlich von Virchow 6 befindet sich der 1993 fertiggestellte Bau 42 von Herzog & de Meuron. Hier wurde erstmals das neue Produktionsverfahren Continuous Manufacturing entwickelt. Die kontinuierliche Fertigung ermöglicht es, einzelne chemische Herstellschritte zeitsparend in nur einer Anlage stattfinden zu lassen.

Physic Garden 3

Physic Garden 3

15

Architektur Eduardo Souto de Moura
Bau 2007–2011
Bezug 2011
Nutzung Laborgebäude
Programm Erdgeschoss mit Speziallaboren, Konferenz- und Bürobereichen; 4 Obergeschosse mit Büro- und Laborplätzen; 2 Untergeschosse

Das vom portugiesischen Architekten Eduardo Souto de Moura entworfene Laborgebäude Physic Garden 3 liegt in der zweiten Strassenreihe entlang des Rheins. Es ist ein fünfgeschossiger Beton-Skelettbau mit einer Glasfassade, die aus zwei Schichten besteht: Die erste innere Fassadenebene bildet die isolierende Klimagrenze des Gebäudes, die zweite Ebene besteht aus vertikal verschiebbaren Glaselementen mit einer wechselweise hellgrünen und dunkelgrauen Färbung.

Die Eingangshalle ist zweigeschossig gestaltet, hier befinden sich die 7 Meter hohen *Basel Columns* des portugiesischen Künstlers Pedro Cabrita Reis. Künstler und Architekt haben bereits in der Entwurfsphase das Zusammenspiel von Objekt und Raum aufeinander abgestimmt. In den beiden hier verbundenen Geschossen sind jene Laborbereiche, die hohe Anforderungen an die Raumhöhe haben, untergebracht.

Im zweiten bis vierten Obergeschoss sind jeweils auf der Südseite offene Labore und auf der Nordseite offene Büroflächen angeordnet. Wie im Nachbargebäude Virchow 6 →S. 154 wurde auch hier das Konzept der ‹flexible desks› umgesetzt, um Projektkoordination, Kommunikation sowie die Kontakte untereinander zu fördern. Das Gebäude Physic Garden 3 befindet sich neben seinem Namensgeber: dem Medizinalgarten Physic Garden →S. 162.

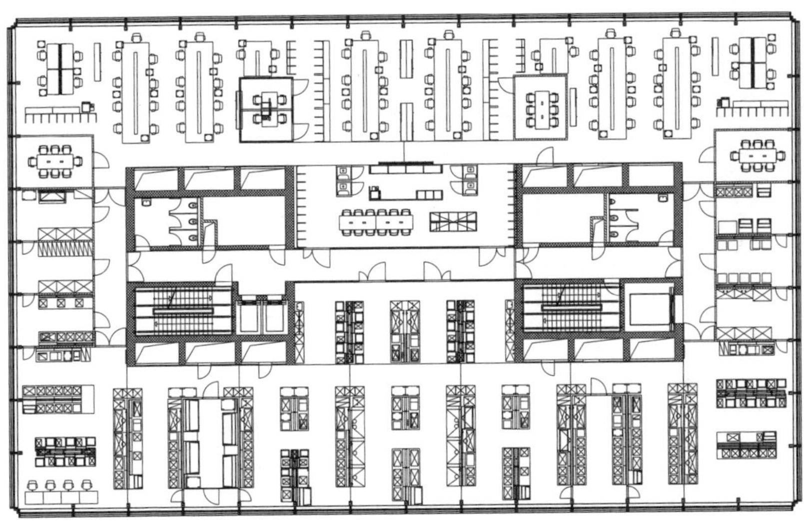

15

Physic Garden 3

Materialisierung und Farbgebung erzeugen eine glatte und homogene Gesamterscheinung, zu der die mit sägerauer Schalung gefertigten Betonflächen der Kerne einen bewussten Kontrast erzeugen.

Die drei Stelen *Basel Columns* von Pedro Cabrita Reis aus portugiesischen Hohlziegeln wurden zuerst in konventioneller Bauweise errichtet, dann durch das Abschlagen der äusseren Schicht ‹gehäutet›.

Physic Garden 3

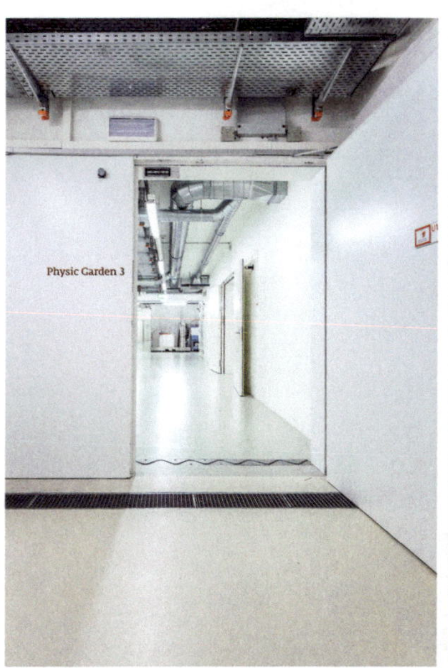

Die Böden im Erdgeschoss und im 1. Obergeschoss sind mit einem speziell für pharmazeutische Anforderungen geeigneten fugenlosen Terrazzo-Boden ausgestattet.

Die Fassadenstützen sind im Erdgeschoss als Stahlprofile, in den Obergeschossen als Stahlbeton-Verbundstützen ausgebildet.

Die Sonnenpaneele werden über eine Beschattungsautomatik angesteuert, sie können darüber hinaus von den Nutzerinnen und Nutzern individuell bedient werden (Modellfoto).

Physic Garden

Physic Garden

Landschaftsarchitektur Thorbjörn Andersson
Umsetzung 2011–2012
Fertigstellung 2012

Der Physic Garten des schwedischen Landschaftsarchitekten Thorbjörn Andersson ist ein Ort der Erholung und des Zusammentreffens sowie als Reminiszenz an die Ursprünge der Medizin zu verstehen – eine moderne Form des mittelalterlichen Klostergartens. In ihnen pflanzten Mönche Medizinalpflanzen an und erwarben ihr Wissen von deren pharmazeutischen Eigenschaften: ein Wissen, das den Anfang der heutigen Forschung darstellt. Bei Novartis beziehungsweise zuvor Sandoz gibt es bereits seit 1917 eine Naturstoffforschungsgruppe, die bis heute eine wichtige Rolle spielt: Sie ist im Gebäude Banting 1 → S. 140 untergebracht.

Der Physic Garden wird von hohen Hecken aus Eiben und Buchen eingefasst. Hier wächst eine Sammlung von rund 80 Pflanzenarten, die sich den Interessierten sukzessive erschliessen. Die Rundwege funktionieren als Kräutergalerien und werden von beweglichen Pflanzenregalen gesäumt, die mit den nicht winterharten Pflanzen bestückt sind. Mehrere Trinkwasserbrunnen des schwedischen Bildhauers Pål Svensson erzeugen Tropfgeräusche und reflektieren das Licht auf ihren Wasserspiegeln. Der Garten ist nicht zuletzt auch ein Ort, an dem Düfte, Farben und jahreszeitliche Veränderungen erfahren werden können.

In der Mitte der Anlage befindet sich ein tiefergelegtes Beet, das in einem Streifenmuster mit 31 pharmazeutisch wirksamen Pflanzenarten bepflanzt ist. Sie wurden nach dem anatomisch-therapeutisch-chemischen Klassifikationssystem (ATC) der Weltgesundheitsorganisation (WHO) ausgewählt und repräsentieren Heilmittel für alle Teile des Körpers. Die Pflanzen werden auf einem gravierten Bronzeschild an der Seite des Beetes aufgeführt.

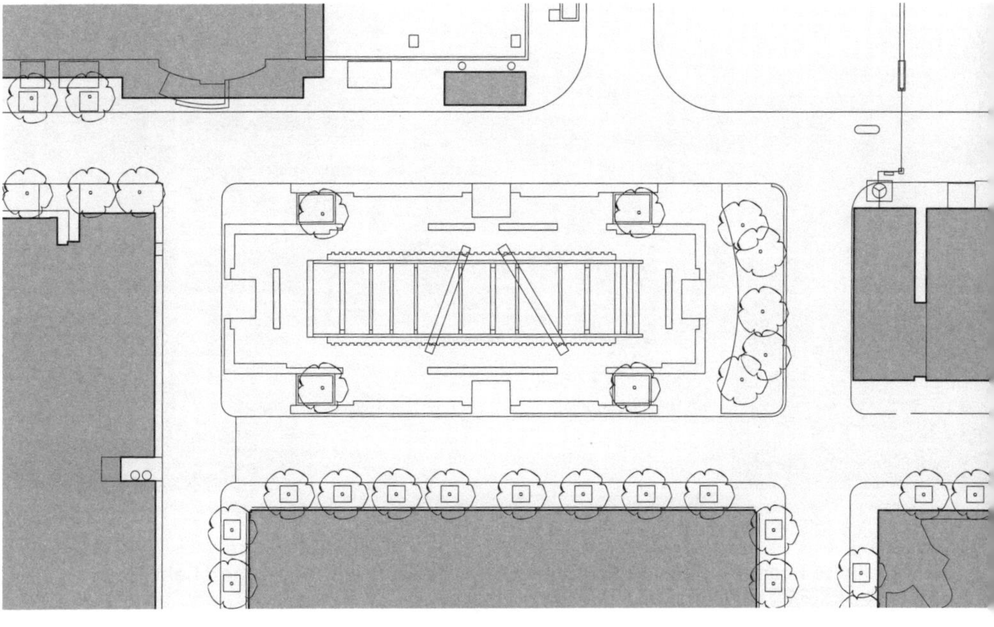

Physic Garden

Die nördliche Fassade des von Eduardo Souto de Moura entworfenen Laborgebäudes →S.158 begrenzt den Garten.

Physic Garden

Die tropfenden Trinkwasserbrunnen-Skulpturen wurden vom schwedischen Bildhauer Pål Svensson entworfen.

Den Vorschlag für einen medizinischen Garten auf dem Novartis Campus unterbreitete Alan Fletcher 2005 in seiner Funktion als Mitglied des ‹Workshop›.

16 Fabrikstrasse 18

Fabrikstrasse 18

Architektur Juan Navarro Baldeweg
Bau 2012–2014
Bezug 2014
Nutzung Bürogebäude
Programm Erdgeschoss mit Atrium durch alle Stockwerke, diverse Sitzungszimmer; 4 Obergeschosse; 1 Untergeschoss

Die Fabrikstrasse 18 wurde vom spanischen Architekten und Maler Juan Navarro Baldeweg entworfen. Das Bürogebäude liegt auf der Achse der ehemaligen Hüningerstrasse, die das einstige Industrieareal durchquerte und zur Grenze zwischen der Schweiz und Frankreich führte. Es ist der erste Bau auf dem Campus, der eine innovative Geospeichertechnologie anwendet: Wo noch vor wenigen Jahrzehnten und nur einige Dutzend Meter entfernt das Kesselhaus von Sandoz mit Tonnen von Kohle beheizt wurde, wird heute das Erdreich unter dem Gebäude als saisonaler Wärme- und Kältespeicher genutzt.

Das Gebäude weist über dem Erdgeschoss vier Obergeschosse auf. In das hohe Erdgeschoss wurde ein Zwischengeschoss eingeschoben. Ein prägendes Element ist das Atrium, das alle Stockwerke durchzieht und für natürlichen Lichteinfall sorgt. Mitten im Atrium befindet sich die Skulptur *Vuelo de Luz*. Sie ist aus Aluminium und wurde von Navarro Baldeweg selbst geschaffen. Bereiche für allgemeine Tätigkeiten wie Projekträume, Bibliothek und eine Cafézone sind um das Atrium angeordnet.

Zu den Fensterfronten hin befinden sich die individuellen Arbeitsbereiche und Rückzugsorte. Auch hier setzt der Architekt die Beziehung zwischen Licht und Raum gezielt als verbindendes Element der allgemeinen und individuellen Tätigkeiten ein. Beide Arbeitsbereiche, die allgemeinen und die individuellen, sind offen gestaltet und nur durch Säulen voneinander getrennt, um so die Kommunikation und Kollaboration zwischen den Mitarbeitenden zu fördern.

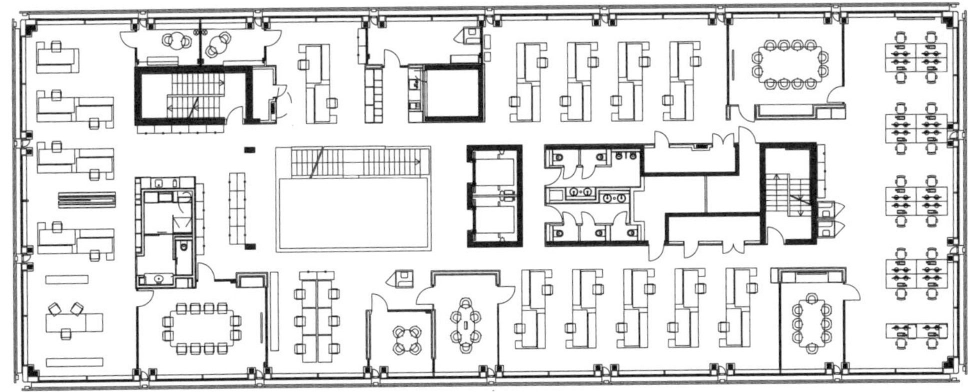

Fabrikstrasse 18

Die wolkenartig abstrakten Figurationen von Juan Navarro Baldewegs Aluminiumskulptur *Vuelo de Luz* sind von der Kunst des Suminagashi (der verlaufenen Tusche), einer japanischen Kalligrafietradition des 12. Jahrhunderts, inspiriert.

Betonrippendecken prägen den Innenraum und spannen über drei in Längsrichtung verlaufende Felder.

Im Eingangsbereich befindet sich eine grosse Sitzgruppe; sie kann unter anderem für informelle Meetings genutzt werden.

Fabrikstrasse 18

Die einzelnen Geschosse sind in verschiedene Zonen eingeteilt: Zusammenarbeit, individuelles Arbeiten sowie Rückzugsorte.

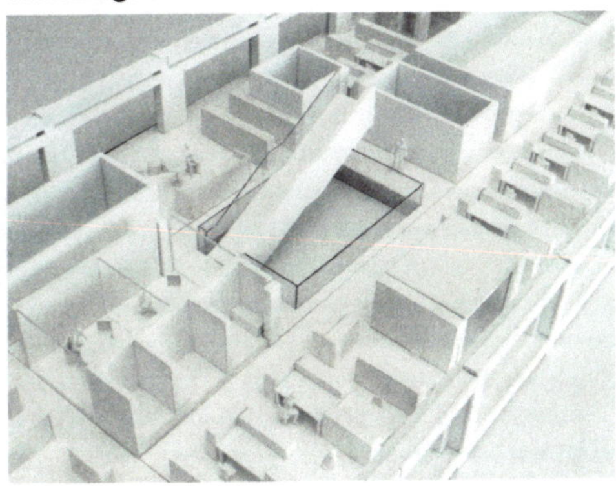

Die äusserste Fassadenebene springt in Erdgeschoss und Mezzanin gegenüber den Obergeschossen zurück; hier sind über 6 m hohe Betonfertigteile vorgehängt.

Virchow 16

Virchow 16

17

Architektur Rahul Mehrotra
Bau 2012–2014
Bezug 2015
Nutzung Laborgebäude
Programm Erdgeschoss; in den Obergeschossen 4-geschossige Laborzone und 5-geschossige Bürozone, 1 Atrium ab dem 3. Obergeschoss; 2 Untergeschosse mit Wirkstoffbibliothek im 1. Untergeschoss

Das Laborgebäude Virchow 16 des indischen Architekten Rahul Mehrotra befindet sich auf der Ostseite des Novartis Campus und grenzt östlich an die Rhine Terrace → S. 194 sowie an den Rhein. Erschlossen wird es von der Virchow-Strasse aus; über eine parkähnliche Anlage gibt es zudem einen direkten Zugang zum Rhein. Der Bau hat eine zweigliedrige Struktur: Er umfasst einen fünfgeschossigen Büroteil auf der Rheinseite und einen viergeschossigen Labortrakt auf der westlichen, dem Campus zugewandten Seite.

Die Westfassade ist ganzflächig mit verschiedenen Hänge- und Kletterpflanzen begrünt. Unterschiedliche immergrüne und Laub abwerfende Pflanzen erzeugen ein sich im Laufe des Jahres veränderndes Formen- und Farbenspektrum. Das Erdgeschoss erlaubt durch Glasscheiben Einblicke in die Laborzonen. Im ersten Untergeschoss liegt die vollautomatisierte Substanzen- und Wirkstoffbibliothek von Novartis.

Ein von Günther Vogt gestaltetes, von mehreren Passagen durchzogenes Atrium reicht vom dritten Obergeschoss bis unter die Dachöffnung. Es verbindet die geschlossenen Laborbereiche mit den zum Grünraum hin offenen Büro- und Aufenthaltsbereichen auf der gegenüberliegenden Seite. Das Pflanzenkonzept orientiert sich mit der Verwendung von schattenverträglichen Bodendeckern und den nach oben und seitlich zum Licht hin wachsenden Kletterpflanzen an den unteren Schichten des Regenwaldes.

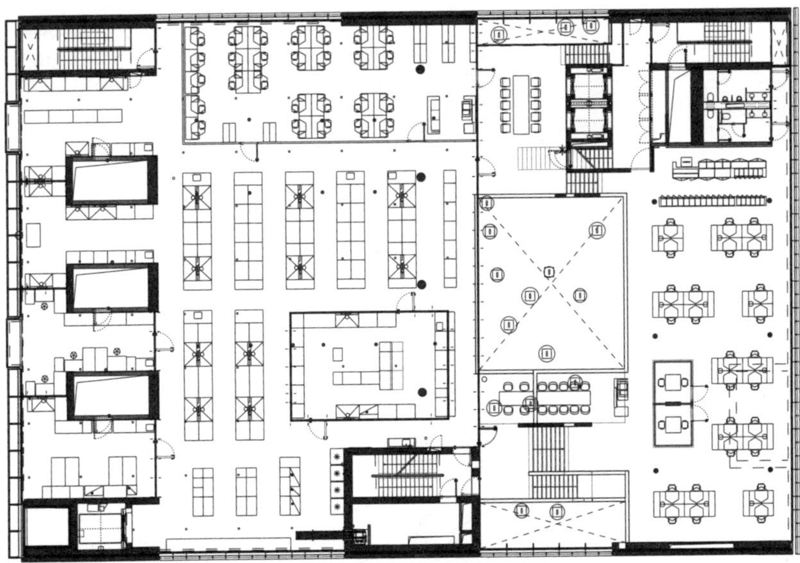

Virchow 16

Im Dachgeschoss des Büroteils gibt es einen Ruhebereich, eine Cafézone sowie flexible Arbeitsplätze.

Auf der zum Rhein ausgerichteten Gebäudeseite befinden sich zwei grosse Terrassen.

In Novartis' ‹molekularer Schatzkammer› sind Hunderttausende von Wirkstoffen gelagert.

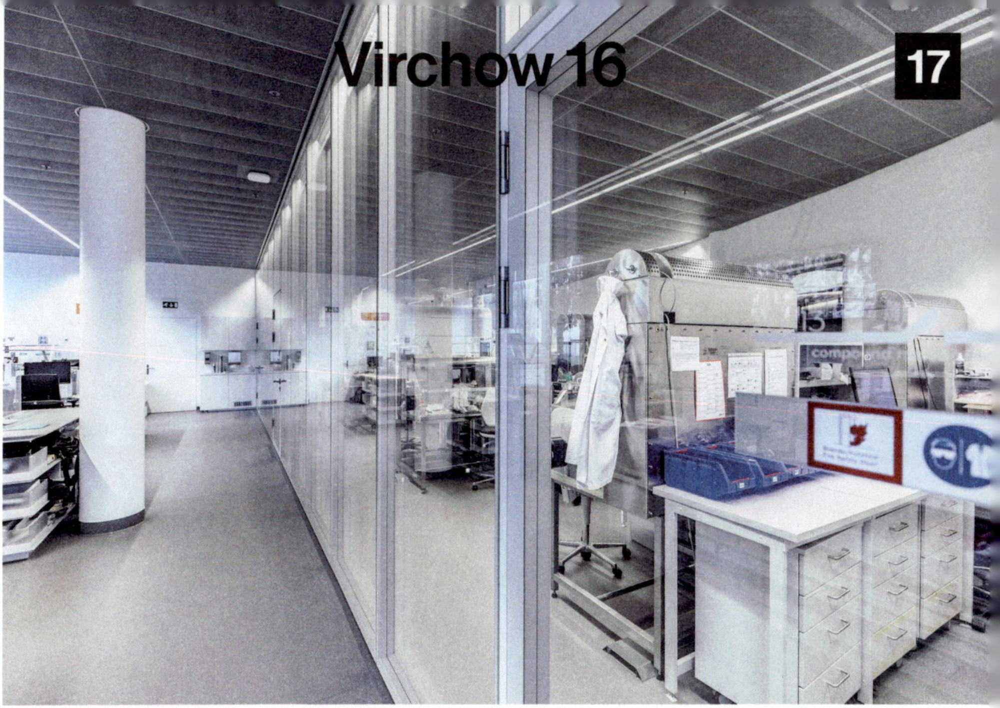

Die Bürozonen sind nur durch eine Glaswand von den Laboren getrennt; das gesamte Gebäude erhält einen hohen Anteil an Tageslicht.

Die Schweizer Künstlerin Pipilotti Rist hat für die Eingangshalle zwei Videoinstallationen von unterschiedlicher Grösse mit dem Titel *Amorpher Farbregen* geschaffen.

The Square

The Square

Landschaftsarchitektur Marco Serra, Good Form Studio
Umsetzung 2016–2017
Fertigstellung 2017
Programm Fahrradparkhaus (unterirdisch), Park

Die zwei Hektar grosse Anlage The Square besteht aus einem von Marco Serra entworfenen unterirdischen Fahrradparkhaus und einem darüberliegenden Park der Landschaftsarchitekten Good Form Studio aus Columbus, Ohio. Die Verbindung von beiden geschieht durch eine grosszügige Rampe, die einen direkten Zugang in das Parkhaus ermöglicht, und eine skulpturale Treppe, die in den Square Pavilion führt. Dieser ist ein für den Campus einzigartiger überdachter Zwischenort im Aussenraum, der in der Übergangszeit und bei schlechtem Wetter als Freiraum genutzt werden kann.

Trotz seiner unterirdischen Lage ist das Parkhaus für über 800 Fahrräder als lichtvoller Raum konzipiert. Marco Serra entwarf die umlaufend gewellten Wände und die Decke aus Sichtbeton; Letztere und der Polyurethan-Gussboden sind in tiefem Blau eingefärbt. Die organische Formensprache der Wellenwand setzt sich in 16 grossen, kreisrunden Deckenrücksprüngen fort. Die eindrucksvolle grafische Geste der insgesamt 16 leuchtenden ‹Räder› ist Ergebnis einer komplexen Sonderleuchtenentwicklung.

Die mittlere Achse des Parks ist als breiter Holzsteg angelegt, der den nördlichen Teil mit den südlich liegenden runden Gartenräumen verbindet. Diese werden durch hohe, geschnittene Hainbuchenhecken begrenzt, die sich mit dichten Eibenhecken abwechseln und so eine vielschichtige Komposition bilden. In den von Hecken eingefassten Räumen herrscht ein Gefühl von Geschlossenheit und Privatsphäre. Sie sind mit Stühlen und Tischen ausgestattet und können von kleinen Gruppen für informelle Treffen genutzt werden.

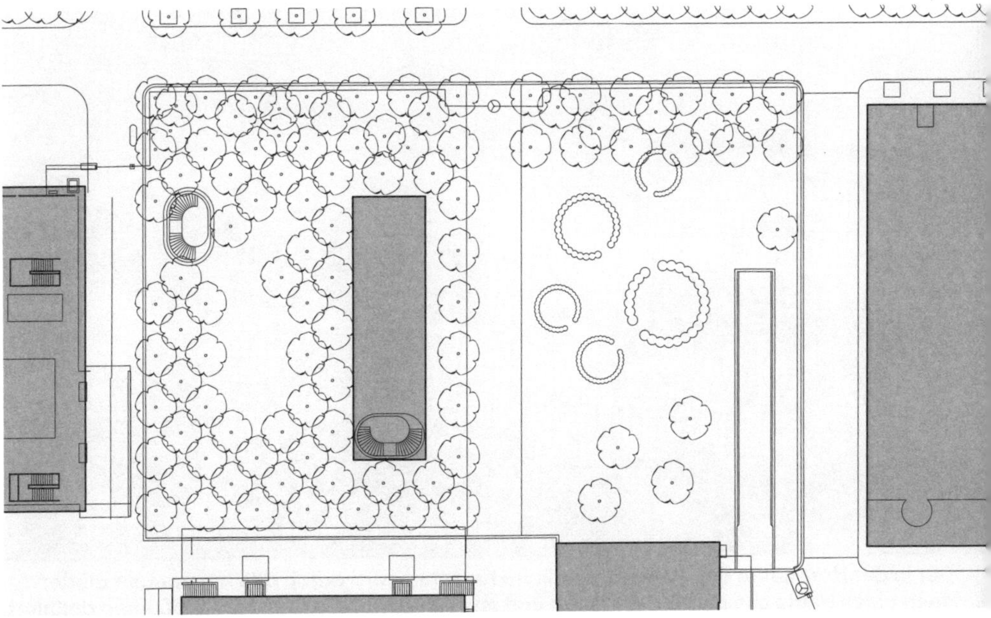

The Square

Der in der Nordhälfte des Parks befindliche Kiesplatz wird durch das horizontale Blätterdach eines Hains aus Linden, Platanen und im Frühjahr blühenden Kirschbäumen definiert.

The Square

6

Die 3 m hohen Glaspaneele des Pavillons können verschoben und kompakt aneinandergereiht werden, um bei gutem Wetter Öffnungen zu schaffen.

Für die runden Deckenrücksprünge im Fahrradparkhaus sah das Planungsbüro Licht Kunst Licht diffus abstrahlende Ringleuchten mit einem Aussendurchmesser von beachtlichen 7 m vor.

Verknüpfung

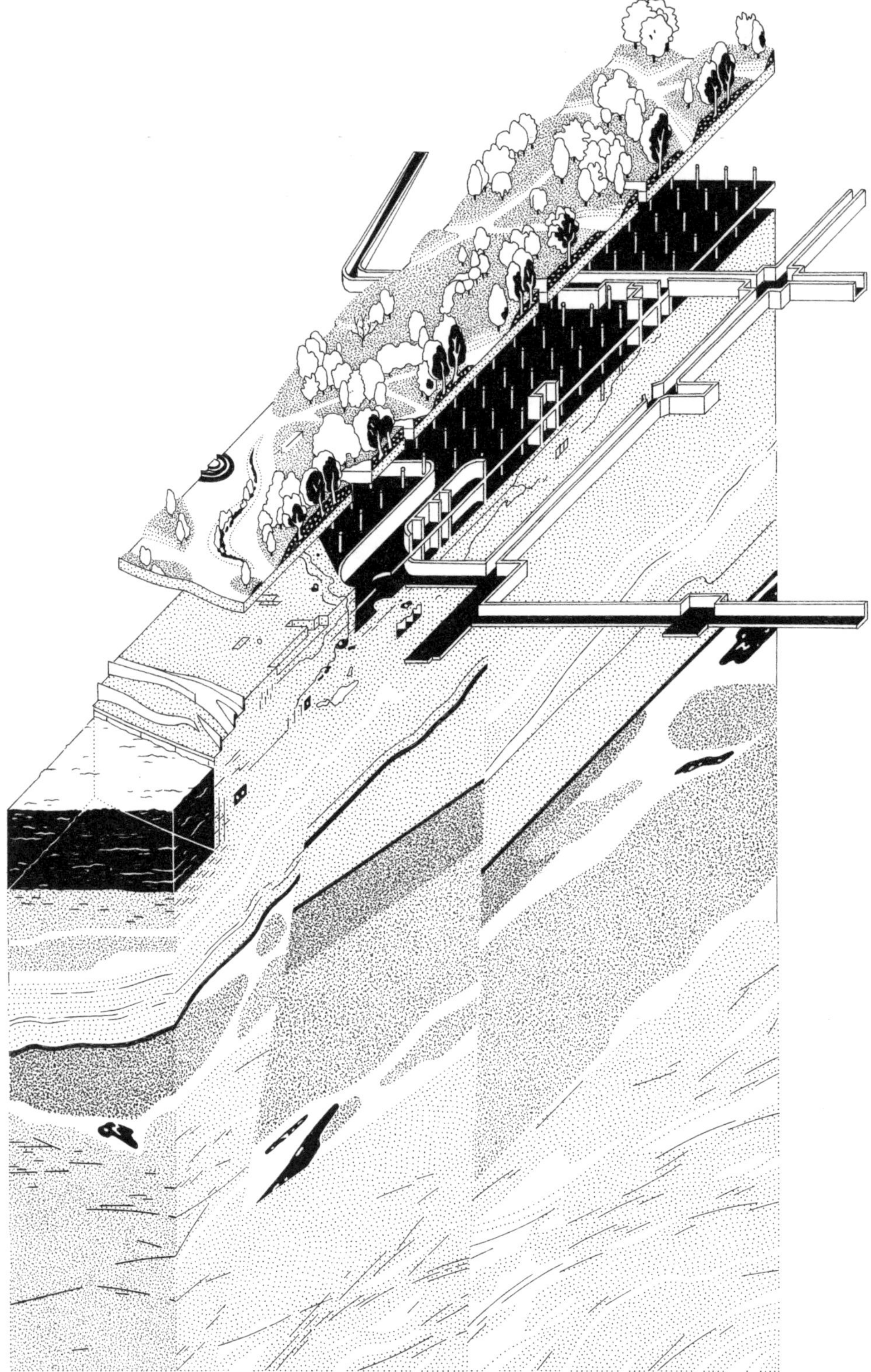

Vor 2001 standen auf dem Gelände im St. Johann nur 18 Bäume. Die Transformation des Areals fiel mit einem durch die Digitalisierung beschleunigten und fundamentalen Wandel der Arbeitswelt zusammen, die zunehmend holistisch gestaltet wurde und das menschliche Wohlbefinden im Arbeitsalltag verbessern wollte. Vor diesem Hintergrund wurden die Parks und Gärten auf dem Novartis Campus geplant. Die Grünflächen brechen die Bebauung auf und schaffen Freiräume, in denen sich die Mitarbeitenden in der Natur aufhalten und regenerieren können.

Heute gibt es auf dem Campus mehr als 2000 Bäume, darunter viele autochthone Arten wie Spitzahorn, Buche oder Birke. Im Jahr 2016 wurde der Park Süd →S. 188 mit seiner urwüchsigen Natürlichkeit nach mehreren Anlegephasen fertiggestellt. Er nimmt den Platz der ehemaligen Hafen-Gleisanlage ein, die rheinaufwärts verlegt wurde. Er umfasst, wie alle Parks auf dem Campus, zahlreiche künstlerische Eingriffe. Gleichzeitig wurde die Landschaftsgestaltung des öffentlichen Rheinuferwegs abgeschlossen, der Basel grenzüberschreitend mit Huningue verbindet; zwei Jahre später wurde die langgestreckte, höher liegende Rhine Terrace →S. 194 fertiggestellt.

Diese Saumbereiche weichen den Campus-Perimeter in der Wahrnehmung auf und verknüpfen ihn mit der Stadt und dem Rhein. Städtebaulich bietet das 63 Meter hohe, 2015 fertiggestellte Bürogebäude Asklepios 8 →S. 182 von Herzog & de Meuron einen visuellen Bezugspunkt des Campus zur Stadt. Davor waren vor allem die Produktionsgebäude des Geländes zu sehen. Der Standort des Novartis Pavillon →S. 200 im Park Süd und dessen Nutzung als erstes vollständig öffentliches Gebäude auf dem Gelände haben symbolischen Charakter. Der Pavillon dient als Ausstellungs- und Begegnungszentrum. In ihm werden auch die sich gegenseitig bedingende Geschichte der pharmazeutischen Industrie und der Stadt erzählt und essenzielle Zukunftsfragen im Gesundheitswesen thematisiert.

Asklepios 8

Asklepios 8

Architektur Herzog & de Meuron
Bau 2012–2015
Bezug 2015
Nutzung Bürogebäude
Programm Erdgeschoss; 5 Obergeschosse, offene Zwischenzone, 7 Obergeschosse; 3 Untergeschosse mit u. a. einem öffentlichen Restaurant (zugänglich über die Rheinuferpromenade)

Der von Herzog & de Meuron entworfene Bau Asklepios 8 definiert den östlichen Winkel des städtebaulichen Rasters, bevor sich dieser in den Randzonen des Campus auflöst. Der Masterplan sieht zwar eine einheitliche Gebäudehöhe von maximal 25 Meter vor, doch die offene Weite des Rheins lässt für dieses Bürogebäude einen anderen Massstab zu. So besteht Asklepios 8 aus zwei fast gleich hohen Kuben, die übereinander angeordnet sind. Der untere ist sechsstöckig und bezieht sich auf die Höhe und die Proportionen der dem Masterplan folgenden Nachbargebäude, dadurch fügt er den Bau wieder in das Gesamtprojekt des Campus ein.

Die Büroflächen, die sich über insgesamt 11 Obergeschosse auf den Ebenen 1–5 und 9–14 erstrecken, sind durch ihre aussergewöhnliche Belichtung, Aussicht und kommunikative Gestaltung bestimmt. Zwischen den beiden Kuben bricht eine hohe offene Zwischenzone den Massstab des Gebäudes auf und schafft einen zentralen Bereich mit einer Vielzahl von flexiblen Möglichkeiten der Zusammenarbeit. Das Standardlayout bietet Raum für 50 Mitarbeitende pro Etage, im eingeschobenen dreigeschossigen Mittelteil können insgesamt 80 Personen arbeiten.

Asklepios 8 hat keine herkömmlich tragende Fassade. Alle Funktionen – Licht und Durchblick für die Nutzenden, Schutz vor Sonne und Regen, Stabilität und Struktur – sind gleichberechtigt und in ein System integriert, das durch horizontal auskragende Decken ergänzt wird. Letztere verleihen der Fassade eine orthogonale Gliederung und relativieren gleichzeitig die Materialität des Glases. Zum grosszügigen Raumkonzept gehört neben flexiblen Innenräumen auch die Panoramaterrasse im Erdgeschoss, die als Teil der darunterliegenden öffentlichen Rheinuferpromenade konzipiert ist. Auf dieser tieferen Ebene ist ein öffentlich zugängliches Restaurant mit Bar beherbergt.

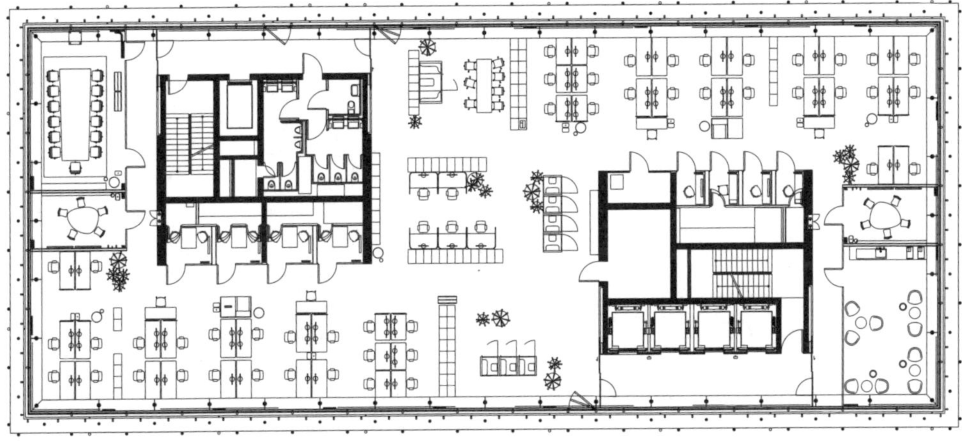

Asklepios 8

Das obere Volumen des Gebäudes hat, anders als das untere sechsstöckige, sieben Geschosse, um die perspektivische Verjüngung für das Auge auszugleichen.

Die Arbeitsplatzmöblierung ist funktional und ermöglicht einfache Umzüge. So kann auf die sich im Projektverlauf verändernden Teamgrössen ohne grossen Aufwand reagiert werden.

Der übergreifende Einsatz der Farbe Weiss trägt massgeblich zu Leichtigkeit, Transparenz und Eleganz des Gebäudes bei.

Im Erdgeschoss befindet sich das Skelett eines Allosaurus fragilis, das zukünftig dem Naturhistorischen Museum Basel für seinen Neubau im St. Johann als Dauerleihgabe zugesprochen wird.

Die vergrösserte Kaurimuschel in der Fassadennische an der Rheinpromenade wurde in der Kunstgiesserei St. Gallen für die Künstlerin Katharina Fritsch aus Bronze produziert.

Oscillation Bench

Oscillation Bench 17

Kunstwerk Olafur Eliasson
Entstehung 2007–2014
Installation 2014
Material Granit
Dimensionen 92×Ø1040 cm

Der isländisch-dänische Künstler Olafur Eliasson beschäftigte sich seit 2007 mit einem ortsspezifischen Projekt für den von Günther Vogt entworfenen Park Süd →S. 188. Die 2014 fertiggestellte *Oscillation Bench* befindet sich in der Nähe des Rheinufers. Die organische Form hält den Augenblick fest, in dem ein vergrösserter Tropfen auf eine Wasseroberfläche trifft und ausbreitende konzentrische Wellen erzeugt. Dieser ‹versteinerte› Moment wurde aus finnischem Kuru-Granit geformt.

Erst auf den zweiten Blick erkennt man, dass es sich bei der abstrakten Form um eine runde Bank mit einem Tisch handelt, und damit um ein – 67 Tonnen schweres – Nutzobjekt. Ein Einschnitt ermöglicht den Zugang zu der runden doppelseitigen Bank, die Platz für gut 40 Personen bietet, von denen einige innen, andere aussen sitzen. Das Werk stellt den Welleneffekt dar und fungiert als Bild dafür, eine Idee in Tun zu verwandeln – Realität zu schaffen. Eliasson baute in seinem Studio das Modell einer ähnlichen Bank, um an diesem zu beobachten, wie Personen sich alleine, mit mehreren zufällig anwesenden Personen oder in einer Gruppe verteilen.

Park Süd

Park Süd

Landschaftsarchitektur Günther Vogt
Umsetzung 2006–2022 in Etappen
Fertigstellung 2007, 2015, 2022

Der Park Süd des Landschaftsarchitekten Günther Vogt ist eine verdichtete Komposition der Landschaft dem Rhein entlang und von ihren geomorphologischen und vegetativen Phänomenen: von der Quelle in den Bergen bis zur Mündung ins Meer. Das Parkgelände fällt von den höherliegenden Terrassen zum Rheinuferweg hin ab und macht durch Hohlwege, von denen einer auch unter dem Novartis Pavillon →S. 200 hindurchführt, die Schichtungen des Bodens sichtbar.

In den oberen Parkteilen befindet sich ein ‹Wald›, in dem riesige Findlinge zurückgeblieben zu sein scheinen. Tiefer im Wald wurden Linden, vermeintlich von der Wucht der Schneeschmelze, in Schräglage gebracht. Grosszügige Wiesenflächen formen den mittleren Parkteil, ausgebildet als Schwemmland mit Iris-Riedgras-Wiesen; durch dieses führen die tief eingeschnittenen Hohlwege. So spannt sich zwischen den oberen Parkteilen und dem Rhein ein höchst künstliches Konstrukt auf: der Park als Bühne der Natur.

In der komprimierten und sich im Laufe der Zeit wandelnden Landschaft kann man sorgsam kultivierte Details, präzise platzierte Steinarten und Findlinge, Terrassierungen, akkurat modellierte Sedimentschichten und eine reich variierende Bepflanzung erkunden. Dabei stösst man auch auf Kunstwerke von Dan Graham →S. 74, Eva Schlegel →S. 80, Olafur Eliasson →S. 186, Peter Regli →S. 192 oder die auf der Fibonaccifolge basierende Bank von Vogt Landschaftsarchitekten.

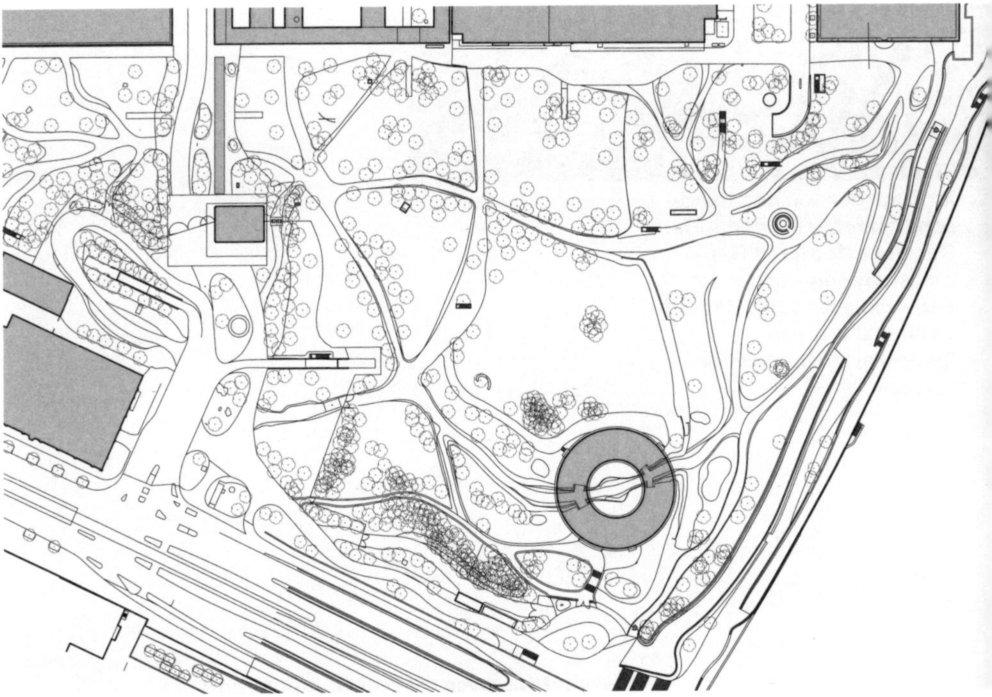

Park Süd

Für die Hohlwege entwickelte das Unternehmen Lehm Ton Erde (Vorarlberg) spezielle Trasstonwände (Foto 2007).

Im Zuge der von den Landschaftsarchitekten Stauffer Rösch gesteuerten Baumassnahmen wurden im Park Süd über 1000 Bäume gepflanzt und rund 25 000 m³ Schüttmasse verbaut.

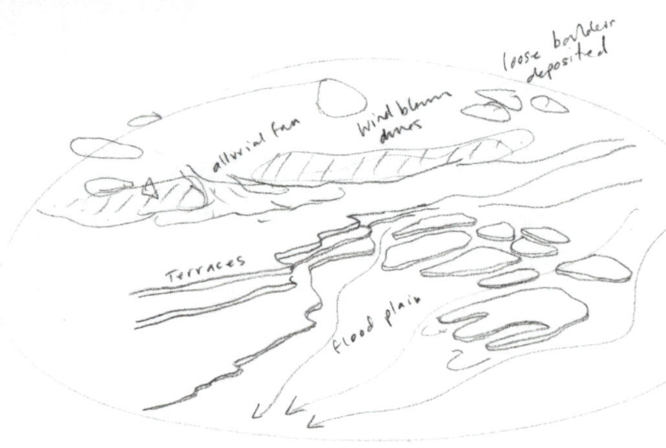

Flussbett-Analyse (Skizze Günther Vogt)

Park Süd

Ein Teil des Park Süd entstand oberhalb der Tiefgarage am Main Gate → S. 76; dieser Bereich wurde wie ein riesiger Dachgarten künstlich angelegt.

Bee Opera (RH No. 272)

Bee Opera (RH No. 272)

Kunstwerk Peter Regli
Entstehung 2009–2012
Installation 2012
Material Holz (Architektur), Bildschirm, Mediaplayer, Stereolautsprecher, Ventilator, Temperatursensor und weitere technische Anlagen
Dimensionen 246×250×330 cm

Die *Bee Opera* wurde 2012 im Park Süd →S. 188 installiert. Sie ist als Nr. 272 der Serie *Reality Hacking* von Peter Regli konzipiert und inventarisiert. Der Holzpalast weist eine architektonische Syntax auf, die historische Vorbilder hat: den klassischen antiken Portikus, Villen von Andrea Palladio und die Wildwest-Architektur des 19. Jahrhunderts. Die Bienen können durch einen Schlitz in der Wand des Portikus in das Opernhaus kommen, während die Besucherinnen und Besucher (höchstens vier Personen) durch eine Tür auf der Rückseite des Gebäudes eintreten.

Im Innenraum befindet sich eine Art Puppentheater. Auf einem an der Wand angebrachten Flachbildschirm werden Videoausschnitte gezeigt. Die Bienen bilden beim Bau ihrer Waben den Vorhang; sie, aber auch die Zuschauerinnen und Zuschauer sind durch eine Glasscheibe geschützt, welche die Bühne vom Orchester trennt. Die Insekten sind die Schauspieler in ihrem Opernhaus, sie treten etwa in Spaghetti-Western zur Musik von Ennio Morricone auf, in Animationsfilmen oder sie unterstützen Maria Callas beim Singen von Johann Sebastian Bachs ‹Ave Maria›.

Rhine Terrace

Rhine Terrace

Landschaftsarchitektur Gustafson Porter+Bowman
Umsetzung 2012–2022 in Etappen
Fertigstellung 2015, 2016, 2022

Die langgestreckte Rhine Terrace wird im Westen von den Gebäuden des Campus, im Norden von der französischen Grenze, im Osten vom Rhein und im Süden vom Park Süd →S. 188 eingefasst. Die Londoner Landschaftsarchitekten Gustafson Porter+ Bowman schufen auf einem 1,77 Hektar grossen Teil des Novartis Campus eine moderne städtische Park- und Uferlandschaft, die auch als ökologischer Korridor dient.

Mit dem Entwurf wird der Raster des Campus in eine natürliche Landschaft aufgelöst, sie artikuliert sich als Abfolge von intimen Terrassen und Aussenräumen. Besucherinnen und Mitarbeiter können hier inmitten einer reichen Bepflanzung entspannen, sich treffen oder arbeiten. Die Rhine Terrace ist das Ergebnis einer komplexen sechsjährigen Umsetzung, die sich auf die geomorphologische und botanische Landschaft des nacheiszeitlichen Oberrheintals bezieht und die Nachbarschaft von Campus und Fluss stärkt.

Der Park besteht aus einer vielfältigen Schicht von Zier- und Strukturpflanzen und ist in unterschiedliche Terrassen und Aussenräume unterteilt: Tree Avenue, The Lawn, Promenade, Middle Meadow, Amphitheatre und Woodland Gardens. Die Baumallee und die Promenade sind mit dichten Stauden, Farnen und einheimischen Gräsern bepflanzt; Weiden (Salix) und Hartriegel (Cornus) erstrecken sich über die mittlere Wiese und das Amphitheater und sorgen das ganze Jahr über für abwechslungsreiche Farben.

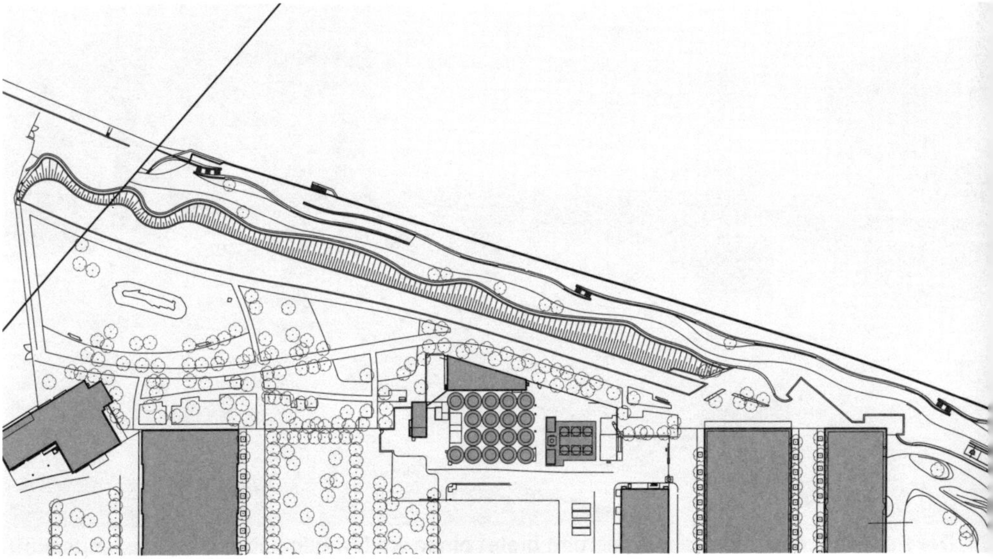

8 Rhine Terrace

Die monumentalen Granitskulpturen *Wellenbrecher* und *Stele* von Ulrich Rückriem →S. 198 sind im März 2022 vom Main Gate →S. 76 auf die Rhine Terrace versetzt worden.

Der Park liegt 6 m über dem Rhein und bietet einen weiten Blick über die Flusslandschaft.

Rhine Terrace

Nach dem Rückbau des Hafens St. Johann konnte eine länderübergreifende Fuss- und Radwegverbindung zwischen Basel und dem französischen Huningue geschaffen werden – eine gemeinsame Unternehmung vom Kanton Basel-Stadt, von Novartis, dem französischen Departement Haut-Rhin und der Gemeinde Huningue im Rahmen der IBA Basel.

19 *Wellenbrecher* und *Stele*

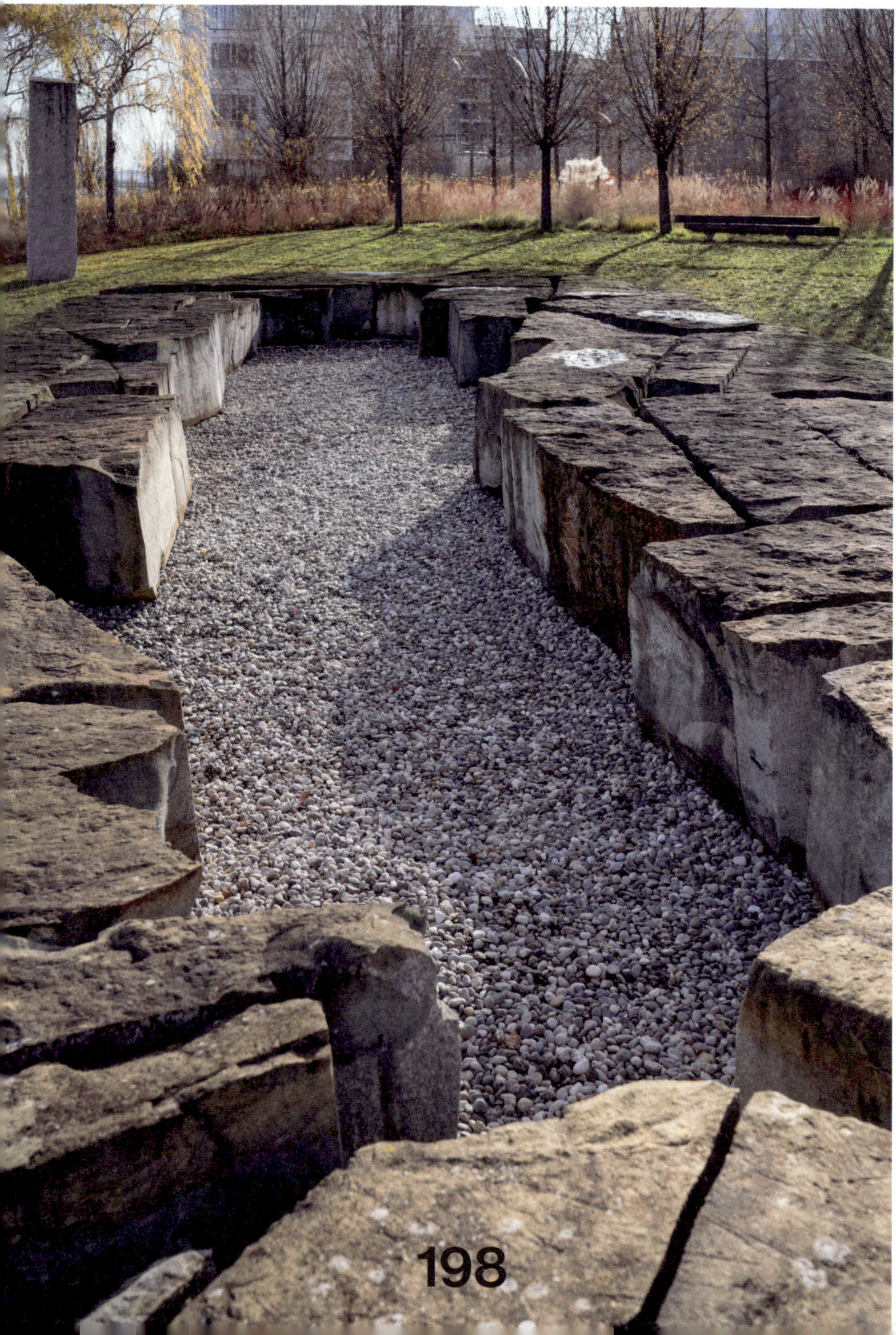

Wellenbrecher und *Stele* 19

Kunstwerk Ulrich Rückriem
Entstehung 2006–2007
Installation 2007 (Main Gate), 2022 (Rhine Terrace)
Material Granit
Dimensionen 80×2700×800 cm / 636×120×120 cm

Ulrich Rückriems Skulpturen sind elementar und archetypisch. Der gelernte Steinmetz lässt den Stein häufig spalten oder schneiden – horizontal, vertikal, manchmal diagonal, lässt ihn in seiner Beschaffenheit aber bestehen. Der Künstler ist mit vier grossen Arbeiten auf dem Campus vertreten. *Wellenbrecher* und *Stele* standen ursprünglich am Eingang beim Main Gate →S.76 – der Umzug auf die Rhine Terrace →S.194 erfolgte im März 2022.

Der *Wellenbrecher* aus Anröchter Dolomitgestein ist aus zusammenhängenden Gesteinsbrocken auf einer Fläche von 27×8 Meter komponiert, mit einer unregelmässigen Leerform im Inneren. Ursprünglich hatte die Skulptur die Funktion einer (anachronistischen) Verkehrsinsel und brach die Dynamik des Verkehrsflusses.

Die Skulptur *Stele* setzt hingegen ein vertikales Zeichen und markiert statisch wie ein Grenzstein ihren Standort. Sie besteht aus einem Block rosafarbenen Porriño-Granits, auf der Höhe von 1,2 Meter ist sie einmal gespalten. So ergeben sich ein Sockel und die eigentliche, mehr als 5 Meter hohe Säule. *Stele* ist ein Geschenk des Künstlers an Novartis.

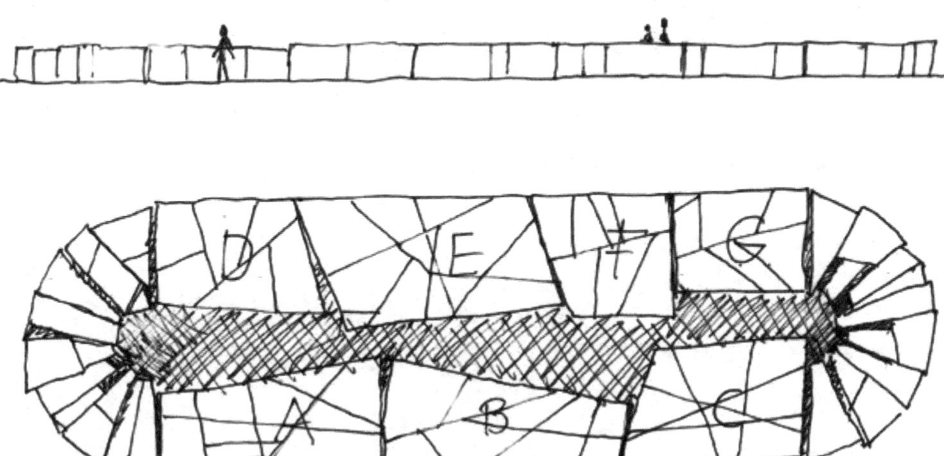

Novartis Pavillon

Novartis Pavillon

19

Architektur ADML Circle & Michele De Lucchi
Bau 2020–2021
Bezug 2022
Nutzung Öffentlich zugänglicher Begegnungs-, Ausstellungs- und Veranstaltungsort
Programm Erdgeschoss mit Foyer für Veranstaltungen, Shop für Wissenschaftsliteratur, Café sowie School[Hub] für Schulklassen; 1 Obergeschoss mit der Ausstellung ‹Wonders of Medicine›; 1 Untergeschoss

Der Novartis Pavillon ist ein Entwurf von AMDL Circle, dem Büro des Mailänder Architekten und Designers Michele De Lucchi. Er befindet sich im Park Süd → S. 188 und hat einen direkten öffentlichen Zugang über den St. Johanns-Hafen-Weg. Das Gebäude auf kreisrundem Grundriss mit einem Durchmesser von 42 Meter ist dem Dialog über die Wissenschaften und der Zukunft des Gesundheitswesens gewidmet.

Der gemeinsam mit dem Basler Architekturbüro Blaser umgesetzte Bau sollte sowohl in Methodik als auch in Material möglichst nachhaltige Systeme und Produkte einsetzen. In diesem Sinne wurde die gesamte Tragkonstruktion des Novartis Pavillon in kombinierter Holz- und Betonbauweise als Hybridbau konzipiert.

Der Pavillon hat zwei Stockwerke: Im Erdgeschoss befinden sich ein Café, ein Buchladen, ein Foyer für Veranstaltungen sowie der School[Hub], ein interaktives Angebot für Schulklassen.

Die multimediale Ausstellung ‹Wonders of Medicine› wird im Obergeschoss gezeigt. Als Auftakt des Ausstellungsrundgangs dient ein Filmsaal im Mezzanin zwischen dem Erd- und dem Obergeschoss. Für die von iart entwickelte Nullenergie-Medienfassade → S. 204 dient eine Bespannung mit organischen Photovoltaikzellen (OPV) und LED-Leuchten. Die Gebäudehülle dient als Screen; bei Sonnenuntergang wird hier jeweils wissenschaftsinspirierte Kunst projiziert.

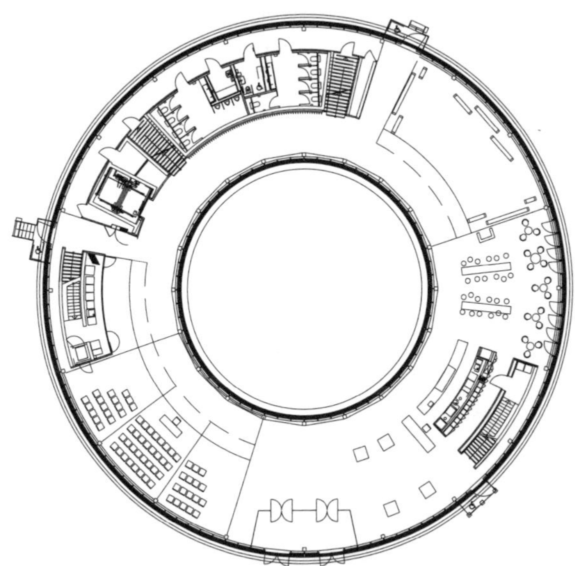

19 Novartis Pavillon

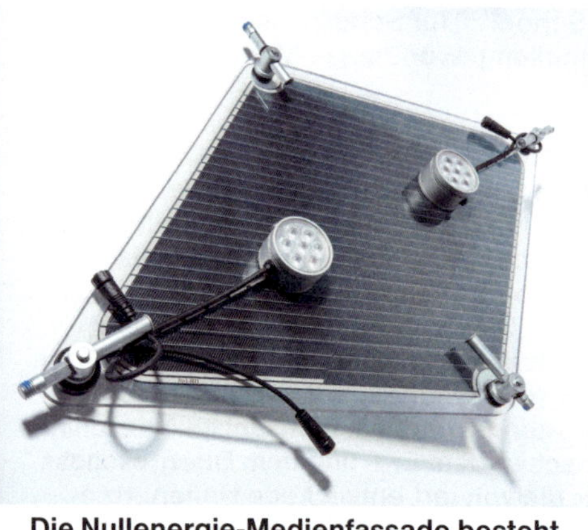

Die Nullenergie-Medienfassade besteht aus 10 680 rautenförmigen Photovoltaikpaneelen und 30 240 in sie eingelassenen LEDs.

40 vorgefertigte Holzelemente dienen als Tragwerk des Innen- und Aussenrings (Foto 2021).

Bereits vorhandene Stampflehmmauern bilden das Fundament des Baukörpers (Foto 2021).

Novartis Pavillon

19

Durch die Ausstellung führt ein Audioguide, der den Besucherinnen und Besuchern über ein hochpräzises Location Tracking der Kopfhörer die Informationen zu den jeweiligen Positionen und Blickrichtungen übermittelt.

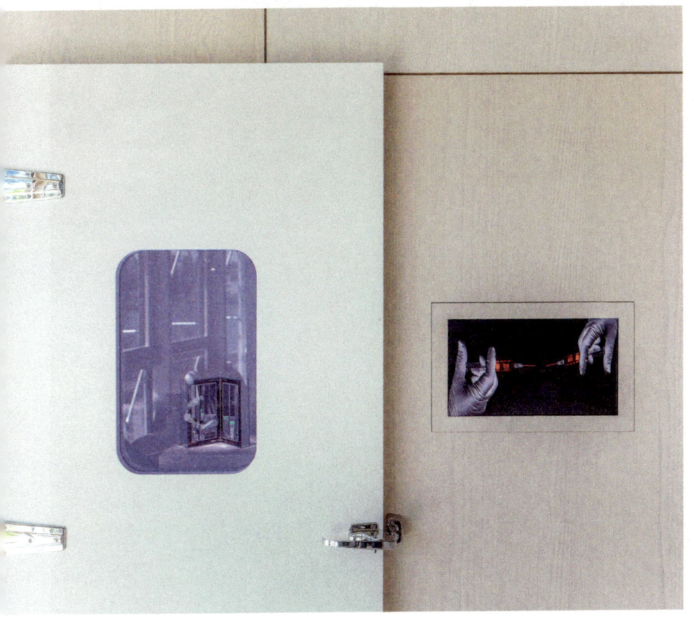

Im Erdgeschoss befindet sich das Werk *Infinite Engine – Room 8, Antibody and DNA* der Künstlerin Lynn Hershman Leeson, eine Arbeit, die sich mit Gentechnik und Biotechnologien befasst.

20 Nullenergie-Medienfassade

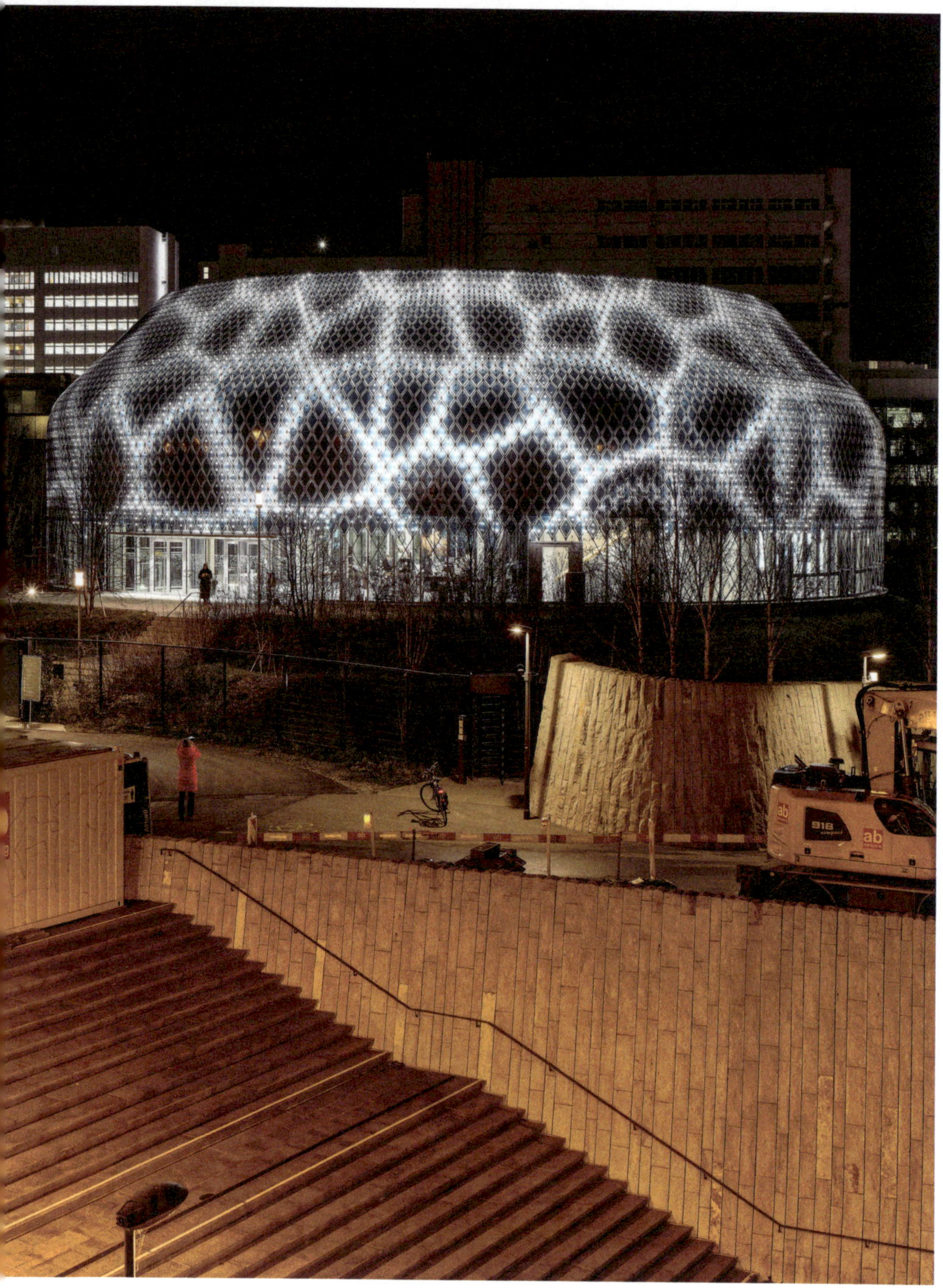

Nullenergie-Medienfassade 20

Kunstwerk Daniel Canogar, Esther Hunziker, Semiconductor
Entstehung 2020–2021
Installation 2022
Material LED-Leuchtmittel
Dimensionen 11,3 × 134,8 m

Auf den 15120 doppelseitigen LED-Leuchten der Nullenergie-Medienfassade des Novartis Pavillon → S. 200 interpretieren Künstlerinnen und Künstler Bilder aus der Welt der Medizin und der Umweltwissenschaften. Als Auftakt wurden in Zusammenarbeit mit dem Haus der Elektronischen Künste Basel (HEK) auf Basis eines geladenen Wettbewerbs drei Werke ausgewählt. Sie haben alle einen Bezug zur Naturwissenschaft.

Inside [links] von Esther Hunziker basiert auf den Verbindungen von Makrokosmos und Mikrokosmos. Das Werk verknüpft die Mikrobiologie mit dem Makrokosmos: Zellen und Planeten, Neuronen und Sterne, Mikroben und Asteroiden, DNA, Proteine und Galaxien, Elektronen und Universum.

Morphogenic Movements [unten links] des Duos Semiconductor besteht aus einer Reihe von generativen Echtzeit-Animationen, welche die Fassade in ein biologisches, sich selbst organisierendes System verwandeln. Zellähnliche Formen, die sich von visuellem Rauschen zu lesbaren Mustern und wieder zurück entwickeln, werden generiert.

Oculus [unten rechts] von Daniel Canogar ist eine generative abstrakte Animation, die in Echtzeit auf Daten zum Thema Klimawandel reagiert, etwa auf das Schmelzen der Polkappen, Kohlendioxidwerte, Daten über aktive Brände und globale Temperaturanomalien.

Anhang

Quellen und Auswahlbibliografie

Novartis Campus, hg. von Novartis International AG, Basel 2002.

‹Wo Menschen gern sind. Eine Stadt in der Stadt – Vittorio Magnago Lampugnani im Gespräch mit Rita Capezzuto›, in: Novartis Campus, hg. von Novartis International AG, Basel 2002, S. 34–49.

Novartis Campus – Forum 3. Diener, Federle, Wiederin. Band 1, hg. von Ulrike Jehle-Schulte Strathaus, Basel 2005.

Novartis Campus – Fabrikstrasse 6. Peter Märkli. Band 2, hg. von Ulrike Jehle-Schulte Strathaus, Basel 2006.

Novartis Campus – Fabrikstrasse 4. SANAA / Sejima + Nishizawa. Band 3, hg. von Ulrike Jehle-Schulte Strathaus, Basel 2006.

Novartis Campus – Fabrikstrasse 2. Marco Serra, Günther Vogt, Ulrich Rückriem, Eva Schlegel. Band 4, hg. von Ulrike Jehle-Schulte Strathaus, Basel 2008.

Novartis Campus – Eine moderne Arbeitswelt. Voraussetzungen, Bausteine, Perspektiven, hg. von Novartis International AG, Konzept von Vittorio Magnago Lampugnani, Ostfildern 2008.

Novartis Campus – Fabrikstrasse 16. Krischanitz. Krischanitz und Frank Architekten. Band 5, hg. von Ulrike Jehle-Schulte Strathaus, Basel 2008.

Novartis Campus – Fabrikstrasse 12. Vittorio Magnago Lampugnani. Band 6, hg. von Ulrike Jehle-Schulte Strathaus, Basel 2009.

Novartis Campus – Fabrikstrasse 14. José Rafael Moneo. Band 7, hg. von Ulrike Jehle-Schulte Strathaus, Basel 2009.

Novartis Campus – Fabrikstrasse 15. Frank O. Gehry. Band 8, hg. von Ulrike Jehle-Schulte Strathaus, Basel 2010.

Novartis Campus – Square 3. Fumihiko Maki. Band 9, hg. von Ulrike Jehle-Schulte Strathaus, Basel 2010.

Novartis Campus – Fabrikstrasse 10. Yoshio Taniguchi. Band 10, hg. von Ulrike Jehle-Schulte Strathaus, Basel 2010.

Novartis Campus – Fabrikstrasse 22. David Chipperfield. Band 11, hg. von Ulrike Jehle-Schulte Strathaus, Basel 2011.

Novartis Campus – Fabrikstrasse 28. Tadao Ando. Band 12, hg. von Ulrike Jehle-Schulte Strathaus, Basel 2011.

Novartis Campus – Virchow 6. Álvaro Siza. Band 13, hg. von Ulrike Jehle-Schulte Strathaus, Basel 2012.

Novartis Campus – Physic Garden 3. Souto de Moura. Band 14, hg. von Ulrike Jehle-Schulte Strathaus, Basel 2012.

Novartis Campus – Fabrikstrasse 18. Juan Navarro Baldeweg. Band 15, hg. von Ulrike Jehle-Schulte Strathaus, Basel 2014.

Novartis Campus – Virchow 16. Rahul Mehrotra. Band 16, hg. von Ulrike Jehle-Schulte Strathaus, Basel 2015.

Novartis Campus – Asklepios 8. Herzog & de Meuron. Band 17, hg. von Ulrike Jehle-Schulte Strathaus, Basel 2015.

Walter Dettwiler, 25 Jahre Novartis – 250 Jahre Innovation, hg. von Novartis, Zürich 2021.

Novartis Campus – Pavillon. AMDL Circle & Michele De Lucchi. Band 18, hg. von Andreas Kofler, Basel 2022.

Der Novartis Pavillon. Ein frischer Blick auf die Pharmaindustrie, hg. von Novartis International AG, redaktionelle Leitung: Goran Mijuk, Basel 2022.

Bildnachweis

Adriano A. Biondo: Fotos S. 44–45, 50–51, 60–61, 66–67, 69, 72–73, 78–79, 81, 84, 94–95, 97, 100–101, 106–107, 112–113, 118–119, 124–125, 130–131, 136–137, 142–143, 145, 152–153, 156–157, 160–161, 164–165, 168–169, 172–173, 176–177, 184–185, 190–191, 196–197, 202–203, 205

Philip Heckhausen: Fotos S. 1–16, 42, 46 (Jesús Rafael Soto/© 2024, ProLitteris, Zurich), 48, 52, 58, 62, 64, 68, 70, 74, 76, 80, 82, 86, 92, 96, 98, 102, 104, 108 (Katharina Grosse/© 2024, ProLitteris, Zurich), 110, 114, 116, 120, 122, 126 (© The Estate of Sigmar Polke, Cologne/2024, ProLitteris, Zurich), 128, 132, 134, 138 (El Anatsui), 140, 144, 150, 154, 158, 162, 166, 170, 174, 182, 186, 188, 192, 194, 198, 200, 204, 213–228

Éva Le Roi: Illustration auf dem Cover und S. 36–37, 40, 56, 90, 148, 180

Novartis Firmenarchiv: Fotos S. 20 (3.27.066), 24 (A 078), 27 (3.22.052), 60 u. (Atelier Eidenbenz, SA_FOT 02.11.1714), 85 (Atelier Eidenbenz, SA_FOT 03.02 Eidenbenz94), 103 (Mathias Leemann), 142 u. (Peter Moeschlin, SA_FOT 08.01.02 B1/20S II1037)

Novartis Pharma AG (Geodaten Kanton Basel-Stadt): Pläne Umschlaginnenseite vorne, S. 43, 49, 83, 117, 163, 175, 189, 195

Novartis Pharma AG: Grundrisse S. 59, 65, 71, 77, 93, 99, 105, 111, 123, 129, 135, 141, 151, 155, 159, 167, 171, 183, 201

Zusätzliche Abbildungen und Rechte:
S. 23: © aluarts
S. 30: Vittorio Magnago Lampugnani, Studio di Architettura
S. 47: Jesús Rafael Soto/ © 2024, ProLitteris, Zurich/ Foto Hans Hinz, ‹Sandoz Bulletin› Nr. 26/1972
S. 53: Foto Roland Schär, Institute Digital Communication Environments (HGK/FHNW)
S. 63: Kerim Seiler/© 2024, ProLitteris, Zurich
S. 66 o. l.: Studio Märkli/ Foto Serge Hasenböhler
S. 66 u.: Niklaus Stoecklin/ © 2024, ProLitteris, Zurich
S. 72 u.: Sejima and Nishizawa and Associates (SANAA), Tokio
S. 75: Foto Susanne Käser, Institute Digital Communication Environments (HGK/FHNW)
S. 79 u.: © Archiv Franz West, Estate Franz West
S. 87: Foto Susanne Käser, Institute Digital Communication Environments (HGK/FHNW)
S. 100 u. l.: Sascha Lötscher (Gottschalk+Ash Int'l)
S. 109: Katharina Grosse/ © 2024, ProLitteris, Zurich/ Foto FBM Studio
S. 112 o.: Courtesy of Frank O. Gehry & Gehry Partners, LLP/ Foto Thomas Mayer
S. 115: Foto Mathias Leemann
S. 121: Alan Fletcher/ © Kaspar Schmid
S. 124 u.: Gilbert Bretterbauer
S. 127: © The Estate of Sigmar Polke, Cologne/ 2024, ProLitteris, Zurich/ Foto Corinne Rose
S. 130 o.: Serge Spitzer
S. 130 u. r.: Menno Aden
S. 133: Alan Fletcher
S. 137 u. l.: Tadao Ando Architect & Associates
S. 139: El Anatsui/Foto Susanne Käser, Institute Digital Communication Environments (HGK/FHNW)
S. 152 o. r.: Silvia Bächli
S. 152 u.: Maki and Associates, Tokio
S. 153 o.: Corinne Wasmuht/ Courtesy of the artist and Petzel Gallery, New York
S. 156 u.: Álvaro Siza
S. 160 u.: Pedro Cabrita Reis
S. 161 u.: Souto de Moura Arquitectos/Foto Attilio Fiumarella
S. 168 l.: Juan Navarro Baldeweg/© 2024, ProLitteris, Zurich
S. 169 o. r.: Navarro Baldeweg Asociados
S. 173 u. l. und r.: © Pipilotti Rist, courtesy of the artist, Hauser & Wirth and Luhring Augustine/2024, ProLitteris, Zurich
S. 187: Studio Olafur Eliasson
S. 190 u./191 u.: © VOGT
S. 193: Peter Regli, Zürich
S. 199: Ulrich Rückriem
S. 203 u.: Lynn Hershman Leeson

Autoren

Andreas Kofler ist Architekt, Urbanist und freier Autor. Ursprünglich aus Südtirol kommend, studierte er Architektur in Madrid und in Wien, wo er 2005 an der Technischen Universität diplomierte. Im Anschluss arbeitete er für zahlreiche Büros – unter anderem für Theo Deutinger, Rem Koolhaas' OMA / AMO, für l'AUC oder für Dominique Perrault. Er publiziert regelmässig in der Zeitschrift ‹L'Architecture d'Aujourd'hui›, unterrichtet an der École nationale supérieure d'architecure de Versailles und ist Kurator und stellvertretender künstlerischer Leiter am Schweizerischen Architekturmuseum (S AM) in Basel.

Vittorio Magnago Lampugnani ist in Rom geboren. Er studierte dort an der Sapienza und an der Universität Stuttgart Architektur. In den 1980er-Jahren gestaltete er die Internationale Bauausstellung Berlin massgeblich mit. Später gab er in Mailand die Zeitschrift ‹Domus› heraus und war Direktor des Deutschen Architekturmuseums in Frankfurt am Main. Von 1994 bis 2016 hatte er den Lehrstuhl für Geschichte des Städtebaus an der ETH in Zürich inne. Er führt eigene Architekturbüros in Mailand und Zürich und lehrt an der GSD in Harvard. Er ist Autor zahlreicher Architekturprojekte und Grundlagenwerke zu Architektur und Städtebau.

Goran Mijuk ist Journalist und Kommunikationsexperte. Er studierte Anglistik und Amerikanistik an den Universitäten Fribourg und Canterbury und promovierte über den amerikanischen Dichter Charles Simic. Seit 2012 ist er für Novartis als Redenschreiber für den Verwaltungsrat sowie als Chefredaktor des globalen Wissenschaftsmagazins ‹Live› tätig. Zuvor schrieb er als Wirtschafts- und Kulturkorrespondent über 15 Jahre für die Nachrichtenagentur Reuters sowie für das ‹Wall Street Journal›. Er ist Verfasser mehrerer Bücher zur Lokal- und Wissenschaftsgeschichte von Novartis in Basel.

Dank

Die Herausgeber danken allen Beteiligten, die diese Publikation mit ihrer Expertise und ihrem Engagement begleitet haben. Zurückgreifen konnten wir dabei auf die von Ulrike Jehle-Schulte Strathaus herausgegebene und von Anne Hoffmann gestaltete Reihe über die neuen Campus-Bauten, die ab 2005 im Christoph Merian Verlag erschienen ist. Sie war für unsere Arbeit eine wesentliche Informationsgrundlage und gleichzeitig wertvolles Zeugnis der Architektur- und Kunstbetrachtung. Mehrere Ausgaben wurden von Karoline Mueller-Stahl lektoriert, die auch diesen Guide betreut hat. Ihrer sorgfältigen Arbeit verdanken wir somit nicht nur Kontinuität innerhalb dieses Buches, sondern mit der genannten Reihe.

Unterstützt wurden wir bei Novartis insbesondere von Nelly Riggenbach, ohne sie wäre dieses Projekt nicht möglich gewesen. Wir danken auch Isabelle Gautier, Andrea Fedriga-Haegeli und Anna-Katherina Schäfers von der Novartis Kommunikation. Unser Dank gilt ausserdem Jonas Eggenberger, Simeon Jankovic, Viviane Stappmanns und Melania Savino Nigsch von der Novartis Art Collection sowie Walter Dettwiler, Barbara Luczak, Florence Wicker und Roger Bennet vom Novartis-Firmenarchiv und den Architekten Marco Serra und Reto Gisiger. Vittorio Magnago Lampugnani hat die retrospektive Betrachtung seines städtebaulichen Projekts geduldig und unbefangen unterstützt – eine Aufgeschlossenheit, die keineswegs selbstverständlich ist.

Den Fotografen Adriano A. Biondo und Philip Heckhausen verdanken wir neue Blickwinkel auf die Bauten und ihre Umgebung. Deren oft unsichtbare Beziehungen wurden von der Künstlerin und Illustratorin Éva Le Roi zeichnerisch ergründet. Sie verleiht dem Verständnis vom Areal damit eine eigene Dimension. Den Grafikern Pascal Storz und Lucas Manser ist es gelungen, die verschiedenen Formate in ein konsistentes Ganzes zusammenzuführen und ein neues Bild vom Campus zu vermitteln.

Ganz besonders danken wir Oliver Bolanz und Iris Becher vom Christoph Merian Verlag für ihre kompetente Unterstützung und für das Vertrauen, das sie uns während der Arbeit an diesem Buch entgegengebracht haben.

Andreas Kofler und
Goran Mijuk

Impressum

Herausgeber:
Andreas Kofler, Goran Mijuk

Redaktion und Texte:
Andreas Kofler

Projektleitung Verlag:
Iris Becher

Lektorat:
Karoline Mueller-Stahl, Leipzig

Korrektorat:
Christian Bertin, Basel

Konzept und Gestaltung:
Pascal Storz, Berlin;
mit Lucas Manser, Basel

Satz:
Lucas Manser, Basel

Fotografie:
Adriano A. Biondo, Basel;
Philip Heckhausen, Zürich

Illustrationen:
Éva Le Roi, Brüssel

Lithografie, Druck und Bindung:
DZA Druckerei zu Altenburg GmbH, Altenburg

Schrift:
Nimbus Sans

Papier:
Magno Star 115 g/m², Munken Polar Rough 100 g/m² (Inhalt);
Munken Polar 300 g/m² (Umschlag)

Bibliografische Information der Deutschen Nationalbibliothek: Die Deutsche Nationalbibliothek verzeichnet diese Publikation in der Deutschen Nationalbibliografie; detaillierte bibliografische Daten sind im Internet über dnb.dnb.de abrufbar.

ISBN 978-3-03969-021-3

Englische Ausgabe:
ISBN 978-3-03969-029-9

Französische Ausgabe:
ISBN 978-3-03969-028-2

merianverlag.ch

Asklepios 8
Herzog & de Meuron
S. 182
Virchow 6
Álvaro Siza
S. 154

Fabrikstrasse 10
Yoshio Taniguchi
S. 92

Fabrikstrasse 12
Vittorio Magnago Lampugnani
S. 98
Fabrikstrasse 14
Rafael Moneo
S. 104
Löschwasserbatterie B-WF
CBRE

Banting 1
Burckhardt Architekten, Wilhelm und Hovenbitzer
S. 140

Fabrikstrasse 10
Yoshio Taniguchi
S. 92
CBRE
Integriertes
Facility Management
Sanitärtechnik
Offene Stellen
41 61 468 48 48
www.cbre.ch/gws
Fabrikstrasse 12
Vittorio Magnago Lampugnani
S. 98

Fabrikstrasse 12
Vittorio Magnago Lampugnani
S. 98
Square 3
Fumihiko Maki
S. 150

Fabrikstrasse 10
Yoshio Taniguchi
S. 92

Square 3
Fumihiko Maki
S. 150
Rhine Terrace
Gustafson Porter+Bowman
S. 194

Fabrikstrasse 12
Vittorio Magnago Lampugnani
S. 98
Gebäude 103
Ackermann/Müller

Energiezentrale
Conrad Müller
Kesselhaus
Conrad Müller

Physic Garden 3
Eduardo Souto de Moura
S. 158

Asklepios 8
Herzog & de Meuron
S. 182
2

Labor- und Bürogebäude
Burckhardt Architekten
Fabrikstrasse 22
David Chipperfield
S. 128

Fabrikstrasse 28
Tadao Ando
S.134

Fabrikstrasse 14
Rafael Moneo
S. 104
Fabrikstrasse 16
Adolf Krischanitz
S. 122